TOM COCKLE

GERMAN SUPPORT VEHICLES ON THE BATTLEFIELD

★ WORLD WAR TWO PHOTOBOOK SERIES ★

volume 22

Kiadja / Published by
PeKo Publishing Kft.
8360 Keszthely, Bessenyei György utca 37., Hungary
Email: info@pekobooks.com
www.pekobooks.com

Felelős kiadó / Responsible publisher
Péter Kocsis

Írta / Author
Tom Cockle

A magyar szöveget szakmailag lektorálta / Hungarian text's proofreading
Norbert Számvéber

Tördelés, retus / Layout, retouch
nadam.hu

Printed in Hungary

Fotók / Photos
Péter Kocsis, Karlheinz Münch, Thomas Anderson, James Haley, NARA,
Archive of Modern Conflict, TsAMO

Kiadás éve / First published
2021

ISBN 978-615-5583-55-1
ISSN 2063-9503

KÖSZÖNETNYILVÁNÍTÁS

Mély hálával tartozom Kocsis Péternek, a PeKo Publishing kiadótól, hogy lehetővé tette számomra e kiadvány elkészítését, illetve, hogy olyan rendkívül izgalmas fényképanyagot biztosított hozzá, amelynek zöme eddig nem jelent meg egyetlen korábbi kiadványban sem. Köszönettel tartozom a fényképeken szereplő járművek pontos beazonosításában a legfontosabb forrásomat jelentő “Kfz. der Wehrmacht” (www.kfzderwehrmacht.de) honlap fenntartójának és kezelőjének, Holger Erdmann-nak is. Mint mindig, örök hálám feleségemnek, Lindának a szeretetért és támogatásért.

Tom Cockle

ACKNOWLEDGEMENTS

I am deeply indebted to Peko publisher Peter Kocsis for the opportunity to prepare this book and for providing the amazing selection of photographs, almost all of which have not appeared in any previous publications. A debt of gratitude also goes out to Holger Erdmann who developed and maintains the website, “Kfz. der Wehrmacht” (www.kfzderwehrmacht.de) which was my main source of information enabling me to accurately identify the vehicles in the photographs. As always, I’m grateful to my wife Linda for her love and support.

Tom Cockle

BEVEZETŐ

Ez a kiadvány számos, a német hadsereg által a második világháborúban használt gépjárművel ismerteti meg az olvasót, beleértve a személygépkocsikat, tehergépkocsikat, páncélgépkocsikat, páncélozott és nem páncélozott féllánctalpasokat, illetve néhány, az ellenségtől zsákmányolt és szolgálatba állított járművet is.

A német haderő az 1920-as évek végén programot indított, hogy egységesítse a katonai gépjárművekkel szemben támasztott elvárásokat. Kezdetben arra törekedtek, hogy meghatározzák a katonai követelményeket, illetve, hogy felmérjék, a polgári járművek – különös tekintettel a terepjáró képességekre – megfelelnek-e ezeknek a követelményeknek.

A rendelekzésre álló korlátozott anyagi források miatt először azokat a haszongépjárműveket fogadták el rendszeresítésre, amelyek csekély módosításokkal is megfeleltek a követelményeknek. Ezzel egyidőben ugyanakkor már kifejezetten katonai célokra kifejlesztett járművek tervezésére is szerződéseket kötöttek a német cégekkel, hogy amint azt az anyagi lehetőségek lehetővé teszik, azok már kész tervekkel kezdhessék meg a gyártást.

Hitler 1933-as hatalomra kerülésével újabb erőfeszítéseket tettek, hogy a német ipart a katonai motorizáció irányába tereljék, amely így egyre inkább a haszongépjárművek tömeggyártására irányult.

A Kfz. (Kraftfahrzeug – gépjármű) és Sd.Kfz. (Sonderkraftfahrzeug – különleges rendeltetésű gépjármű) számok alkalmazásával új jármű-azonosítási rendszert vezettek be. Ezek a számok típustól függetlenül a gépkocsi alkalmazására vonatkoztak, így például egy páncéltörő ágyút vontató jármű jelzése Kfz. 69 lett, míg ugyanez a jármű légvédelmi löveget vontatva már a Kfz. 81 jelzést kapta.

A Wehrmacht járműveinek szabványosítására (Einheits) tett első kísérlet 1934-ben történt. Az elvárások szerint a járműveknek megbízhatónak, gazdaságosan és egyszerűen gyárthatónak kellett lenniük és jó terepjáró képességekkel kellet rendelkezniük. Ennek köszönhetően a következő járműsorozatokat alakították ki:

1. Szabvány könnyű terepjáró személygépkocsi
   (Leichter Einheits Geländegängiger Personenkraftwagen)
2. Szabvány közepes terepjáró személygépkocsi
   (Mittlerer Einheits Geländegängiger Personenkraftwagen)
3. Szabvány nehéz terepjáró személygépkocsi
   (Schwerer Einheits Geländegängiger Personenkraftwagen)
4. Szabvány könnyű terepjáró tehergépkocsi
   (Leichter Einheits Geländegängiger Lastkraftwagen)
5. Szabvány közepes terepjáró tehergépkocsi
   (Mittlerer Einheits Geländegängiger Lastkraftwagen)
6. Szabvány nehéz terepjáró tehergépkocsi
   (Schwerer Einheits Geländegängiger Lastkraftwagen)

A program nem igazán váltotta be a hozzá fűzött reményeket, mivel a tervek túl bonyolultak voltak és a járművek túl nagy súlya miatt tábori körülmények között körülményesnek bizonyult a karbantartásuk.

Az 1930-as évekre a Wehrmacht számára nyilvánvalóvá vált, hogy le kell csökkenteni a gyártott típusok számát és az olyan változatokra kell összpontosítani a termelést, amelyek megfelelnek a követelményeknek. Adolf von Schell vezérőrnagy irányításával új programot indítottak. A könnyű szabvány személygépkocsit (leichter Einheits PKW) leváltotta a két-, illetve négykerék hajtású VW Kübelwagen. A közepes és nehéz szabvány személygépkocsikat olyan járművekre akarták cserélni, amelyek az 1,5 tonnás, 3 tonnás és 4,5 tonnás tehergépkocsik alvázára készültek, kétkerék-meghajtású kivitelben polgári célokra, négykerék-meghajtású kivitelben pedig a Wehrmacht számára. A háború kitörése véget vetett a programnak, így más típusok is gyártásban maradtak. Ennek következtében a rengeteg típus igencsak vegyes képet festett, ami rendkívül megnehezítette a karbantartást. A program a következő típusokra korlátozva a féllánctalpas vontatók gyártását is lefedte:

1. Sd.Kfz.2 lánctalpas motorkerékpár (Kettenkraftrad)
2. 2t „Öszvér" (Maultier) féllánctalpas vontató
3. 4.5t „Öszvér" (Maultier) féllánctalpas vontató
4. Sd.Kfz.10 1t féllánctalpas vontató
5. Sd.Kfz.11 3t féllánctalpas vontató
6. Sd.Kfz.6 5t féllánctalpas vontató
7. Sd.Kfz.7 8t féllánctalpas vontató
8. Sd.Kfz.8 12t féllánctalpas vontató
9. Sd.Kfz.9 18t féllánctalpas vontató

Ezek legtöbbje az Sd.Kfz. 6 kivételével – amely leváltását a magas előállítási költségek miatt 1943-ban megkezdték az s.W.S (schwerer Wehrmachtschlepper) vontatóval – kisebb-nagyobb változtatásokkal a háború végéig gyártásban maradt. Az Sd.Kfz. 10 biztosította az alvázat az Sd.Kfz. 250 könnyű, az Sd.Kfz. 11 pedig az Sd.Kfz. 251 közepes lövészpáncélosok különböző variánsainak a gyártásához. Az 1942-ben kifejlesztett RSO (Raupenschlepper Ost) újabb típust jelentett, amelyet kifejezetten a keleti hadszíntér viszonyaihoz terveztek, ám ennek ellenére Nyugat-Európában is alkalmazásra került.

Az 1920-as évek végén, 1930-as évek elején Németországban kísérleteket folytattak, amelyek során polgári gépjárművek alvázára épített páncélgépkocsik és harckocsik makettjeivel igyekeztek meghatározni a Wehrmacht jövőbeni járműveinek követelmény-rendszerét. Ezek eredményeként számos felderítő páncélgépkocsi született és 1938-ban felállításra kerültek a felderítő alakulatok. Az előírások mind közúton, mind terepen nagy sebességet, jó terepjáróképességet, nagy hatótávolságot, nagy hatósugarú rádiófelszerelést, kis űrméretű fegyverek elleni megfelelő páncélvédettséget és az ellenséget késleltető, lassító fegyverzetet írtak elő. Megoldásként különböző négy-, hat- és nyolckerekes járművek születtek, amelyek a háború végéig használatban maradtak.

A könnyű felderítő páncélgépkocsit (leichter Panzerspähwagen) a nehéz szabvány terepjáró személygépkocsi (schwerer Einheits Geländegängiger Personenkraftwagen) alvázán alakították ki, a motort ugyanakkor a jármű hátuljában helyezték el.

1937-től kezdődően a következő változatokat rendszeresítették:

1. Sd.Kfz. 221 (MG) könnyű (géppuskás) felderítő páncélgépkocsi
2. Sd.Kfz. 221 könnyű felderítő páncélgépkocsi 2,8 cm-es s.Pz.B.41 nehéz páncéltörő puskával
3. Sd.Kfz. 221 könnyű felderítő páncélgépkocsi Pz.B.39 páncéltörő puskával
4. Sd.Kfz. 222 (2cm) könnyű felderítő páncélgépkocsi
5. Sd.Kfz. 223 (Fu) könnyű rádiós felderítő páncélgépkocsi
6. Sd.Kfz. 260 könnyű rádiós páncélgépkocsi
7. Sd.Kfz. 261 könnyű rádiós páncélgépkocsi

A gyártást 1942-ben leállították, számos példány azonban végig harcolta a háborút.

A hatkerekű nehéz felderítő páncélgépkocsikat [schwerer Panzerspähwagen (6 Rad)] egy kivételével a nehéz szabvány terepjáró tehergépkocsi (schwerer Einheits Geländegängiger Lastkraftwagen) 1,5 t 6x4 meghajtású alvázán alakították ki, amelybe a motort előre építették be.

Négy változat készült:
1. Sd.Kfz. 231 nehéz felderítő páncélgépkocsi
2. Sd.Kfz. 232 (Fu) nehéz rádiós felderítő páncélgépkocsi
3. Sd.Kfz. 261 (Fu) nehéz rádiós páncélgépkocsi
4. Sd.Kfz. 247 (6 Rad) nehéz páncélozott személyszállító – a könnyű szabvány terepjáró gépkocsi (leichter Geländegängiger Lastkraftwagen) alvázán készült

A Büssing-NAG 8x8 GS alvázán kialakított, farmotoros nyolckerekű nehéz felderítő páncélgépkocsi [schwerer Panzerspähwagen (8 Rad)] a maga idejében a legkorszerűbb terepjáró volt, amelyet a legújabb technológiával készítettek. Az első példányokat 1937-ben szállították le. 1938-ban a járművet néhány kisebb változtatással tovább fejlesztették. Jelölésük ugyanaz maradt, mint a hatkerekű változatok esetében, csupán kiegészítették az 8-Rad utótaggal.

A következő változatokban készült:
1. Sd.Kfz. 231 (8 Rad) nehéz felderítő páncélgépkocsi
2. Sd.Kfz. 232 (8 Rad) nehéz felderítő páncélgépkocsi
3. Sd.Kfz. 233 (8 Rad) (7,5 cm) nehéz felderítő páncélgépkocsi
4. Sd.Kfz. 263 (8 Rad) nehéz rádiós páncélgépkocsi

A Büssing-NAG 1940-ben kapott megrendelést egy, a GS típust kiváltó új nyolckerekű páncélgépkocsira. A járműnek a korábbi változattól eltérően önhordó felépítménnyel kellett rendelkeznie és a forró égövi klímának megfelelő 12 hengeres Tatra dízelmotorral kellett felszerelni. A tervezés nehézségei miatt a jármű csak 1943-ban került gyártásba.

A következő változatokban készült
1. Sd.Kfz. 234/1 (2 cm) nehéz felderítő páncélgépkocsi
2. Sd.Kfz. 234/2 (5 cm) nehéz felderítő páncélgépkocsi
3. Sd.Kfz. 234/3 (7,5 cm kurz) nehéz felderítő páncélgépkocsi
4. Sd.Kfz. 234/4 (7,5 cm lang) nehéz felderítő páncélgépkocsi

A németek, amikor és ahol csak lehetett, széleskörűen használatba vették a zsákmányolt gépjárműveket és harcjárműveket. 1938-ban, az „Anschluss"-t követően az osztrák Sauer, Steyr és más cégeket integrálták a német háborús iparba, akárcsak a csehszlovákiai Praga, Skoda és Tarta cégeket az ország 1939-es megszállását követően. Mindemellett rengeteg osztrák és cseh tulajdonban lévő járművet elkoboztak saját használatra. A gyárak a háború végéig a Wehrmacht ellátásáról gondoskodtak. A franciaországi hadjáratot követően a francia autógyárak, mint a Renault, a Citroen, a Peugeot, a Simca és sok más, továbbra is folytatta a gyártást, de ekkor már a német hadigépezet számára, amely a hadjárat során zsákmányolt járművek százait is szolgálatba állította. Olaszország 1943-as fegyverletétele után az olasz járművek is a listát gyarapították. A Szovjetunióban a németek a zsákmányolt szovjet autókat, tehergépkocsikat, traktorokat és páncélautókat ugyanúgy felhasználták, mint a fegyvereket. Az amerikai és angol járműveket szintén használatba vették a D-nap után, és általában addig használták őket, amíg azokat hátra nem kellett hagyniuk valamilyen műszaki probléma miatt.

Noha a háború korai szakaszában számos német gyaloghadosztály a lovak erejétől függött, bizton állíthatjuk, hogy a híres páncéloshaodsztályok nem érhették volna el korai sikereiket az őket kísérő gépesített támogató járművek ezreinek segítsége nélkül.

Remélem, élvezni fogják az itt következő fényképeket.

Tom Cockle

INTRODUCTION

This volume will present the reader with photographs of a variety of motorized transport vehicles including cars and trucks; armored cars; half-tracks, both armored and unarmored, used by the German Wehrmacht during World War II, along with some captured enemy vehicles that were pressed into service.

In the late 1920's, the German General Staff introduced a program to standardize specifications and requirements for military automotive equipment. Initially, they sought to establish what the military requirements were and whether any commercially available models met those requirements, with an emphasis on cross-country performance.

Due to financial restrictions, commercial vehicles were at first adopted with minor revisions necessary to conform to military requirements. At the same time, contracts were issued to German firms for the development of vehicles specifically suited to military requirements so that designs would be finalized when funding became available.

With Hitler's rise to power in 1933, new efforts were made to direct German industry toward military motorization, which became increasingly geared to mass production of utility vehicles.

A new system of vehicle identification was implemented using Kfz. (Kraftfahrzeug, or motor vehicle) and Sd.Kfz. (Sonderkraftfahrzeug, or special purpose vehicle) numbers. These numbers were used to describe the use of the vehicle regardless of the make or model. Therefore, a vehicle used to tow an anti-tank gun was designated as a Kfz.69 while the same vehicle used to tow an anti-aircraft gun was designated as a Kfz.81.

The first attempt at creating standardized, or Einheits, vehicles for the Wehrmacht occurred in 1934. Vehicles were required to provide great reliability, be economical to produce, utilize simple construction techniques and have good cross-country ability. This resulted in the development of the following series of vehicles:

1. Leichter Einheits Geländegängiger Personenkraftwagen
   (light standard cross-country personnel carrier)
2. Mittlerer Einheits Geländegängiger Personenkraftwagen
   (medium standard cross-country personnel carrier)
3. Schwerer Einheits Geländegängiger Personenkraftwagen
   (heavy standard cross-country personnel carrier)
4. Leichter Einheits Geländegängiger Lastkraftwagen
   (light standard cross-country load carrier)
5. Mittlerer Einheits Geländegängiger Lastkraftwagen
   (medium standard cross-country load carrier)
6. Schwerer Einheits Geländegängiger Lastkraftwagen
   (heavy standard cross-country load carrier)

This program was not entirely successful as the designs were complex and difficult to maintain in the field due to their heavy weight.

In the 1930s, the Wehrmacht realized that they had to reduce the variety of vehicles produced and concentrate on a few basic types more suited to their needs. A new program, headed up by General-Major Adolf von Schell, was initiated. The two and four-wheel drive VW Kübelwagen replaced the leichter Einheits Pkw. The mittlere and schwerer Einheits Pkw would be replaced by vehicles using the chassis of the 1.5t, 3t and 4.5t Lkw with two-wheel drive for commercial models and four-wheel drive for Wehrmacht use. The beginning of the war brought the program to an end and so other models continued to be produced. The result was a large mixture of types, which greatly complicated maintenance.

The production of half-tracked tractors was also covered under the program and was limited to the following types.

1. Sd.Kfz.2 Kettenkraftrad
2. 2t Maultier half-track
3. 4.5t Maultier half-track
4. Sd.Kfz.10 1t half-track
5. Sd.Kfz.11 3t half-track
6. Sd.Kfz.6 5t half-track
7. Sd.Kfz.7 8t half-track
8. Sd.Kfz.8 12t half-track
9. Sd.Kfz.9 18t half-track

Most of them continued in production throughout the war with minor modifications with the exception of the Sd.Kfz.6, which, due to high manufacturing costs, was replaced in 1943 by the s.W.S. (schwerer Wehrmachtschlepper). The Sd.Kfz.10 provided the basic chassis for the Sd.Kfz.250 series of armored half-tracks and the Sd.Kfz.11 for the Sd.Kfz.251 series of armored half-tracks. Another new model introduced was the Raupenschlepper Ost (RSO), which was developed in 1942 specifically for use on the Eastern Front, but also saw use in Western Europe.

Experimental exercises conducted in Germany during the late 1920s and early 1930s, using simulated armored cars and tanks on commercial vehicle chassis, helped the Wehrmacht determine the requirements for future vehicles. This led to the development of a series of Panzerspähwagen, or armored reconnaissance cars, and the formation of armored reconnaissance units in 1938.

The specifications called for a vehicle with high road and cross-country speeds plus good cross-country mobility, a large operational radius, long-range radio communications, armored protection from small arms fire and armament suitable for conducting delaying actions. The result was a variety of four, six and eight wheel designs that remained in use throughout the war.

The leichter Panzerspähwagen was developed on the chassis of the schwerer Einheits Geländegängiger Personenkraftwagen (heavy standard cross-country personnel carrier) with a rear-mounted engine.

Beginning in 1937, the following models were adopted:

1. Leichter Panzerspähwagen (MG) (Sd.Kfz.221)
2. Leichter Panzerspähwagen (Sd.Kfz.221) mit 2.8cm s.Pz.B.41
3. Leichter Panzerspähwagen (Sd.Kfz.221) mit Pz.B.39
4. Leichter Panzerspähwagen (2cm) Sd.Kfz.222)
5. Leichter Panzerspähwagen (Fu) (Sd.Kfz.223)
6. Kleiner Panzerfunkwagen (Sd.Kfz.260)
7. Kleiner Panzerfunkwagen (Sd.Kfz.261)

Production was stopped in 1942 but many continued in service throughout the war.

With one exception, the schwerer Panzerspähwagen (6 Rad) was developed on the schwerer Einheits Geländegängiger Lastkraftwagen (heavy standard cross-country load carrier), a 1.5t 6 x 4 cross-country lorry chassis, with an engine mounted in the front.

Four types were built:
1. Schwerer Panzerspähwagen Sd.Kfz.231
2. Schwerer Panzerspähwagen (Fu) Sd.Kfz.232
3. Schwerer Panzerfunkwagen (Fu) Sd.Kfz.263
4. Schwerer Gepanzerter Personenkraftwagen Sd.Kfz.247 (6-Rad) – using the leichter Geländegängiger Lastkraftwagen (O) (light standard cross-country load carrier – commercial)

The schwerer Panzerspähwagen (8 Rad), developed on the Büssing-NAG 8 x 8 GS chassis with an engine mounted in the rear, was the most advanced cross-country car of its time featuring the most advanced technology available. The first ones were delivered in 1937 and produced until 1938 when a newer version was introduced with minor design changes. They used the same designations as the 6 Rad armored cars but with the suffix '8-Rad' to distinguish them.

The following types were built:
1. Schwerer Panzerspähwagen Sd.Kfz.233 (8-Rad) (renamed Sd.Kfz.231 on 7 September 1940)
2. Schwerer Panzerspähwagen (Fu) Sd.Kfz.234 (8-Rad) (renamed Sd.Kfz.232 on 7 September 1940)
3. Schwerer Panzerspähwagen (7.5cm) Sd.Kfz.233 (8-Rad)
4. Schwerer Panzerfunkwagen (Fu) Sd.Kfz.263 (8-Rad)

In 1940, an order was placed with Büssing-NAG for an eight-wheel armored car to replace the GS type. It was to have a monocoque design that would replace the GS chassis and a 12-cylinder Tatra diesel engine suitable for hot climates. As it transpired, the vehicle didn't enter service until 1943.

It was built in the following variants:
1. Schwerer Panzerspähwagen (2cm) Sd.Kfz.234/1
2. Schwerer Panzerspähwagen (5cm) Sd.Kfz.234/2
3. Schwerer Panzerspähwagen (7.5cm kurz) Sd.Kfz.234/3
4. Schwerer Panzerspähwagen (7.5cm lang) Sd.Kfz.234/4

Whenever possible, the Germans also made extensive use of captured enemy motor and armored vehicles. After the Anschluss in 1938, the production facilities of the Austrian firms Saurer, Steyr and others, were integrated into German wartime production, and after the invasion of Czechoslovakia in 1939, firms such as Praga, Skoda and Tatra were also assimilated. At the same time, many Austrian and Czech vehicles were confiscated for German use. These firms continued to manufacture vehicles for the Wehrmacht for the duration of the war. After the Battle of France in 1940, French automakers like Renault, Citroen, Peugot, Simca and many others, continued to manufacture vehicles for the German war effort in addition to the hundreds of captured and impressed vehicles. After the capitulation of Italy in 1943, Italian vehicles also joined the growing list. In the Soviet Union, the Germans made use of captured Russian cars, trucks, tractors and armored cars as well as armaments. After D-Day, they also made use of many captured American and British vehicles, usually until breakdowns forced their abandonment.

Although many German infantry divisions still relied on the horse for mobility in the early stages of the war, it would be safe to say, that the early successes of their vaunted Panzer Divisions would not have been possible without the support they received from the thousands of motorized support vehicles that accompanied them.

Tom Cockle

Archive of Modern Conflict

Egy sérült VW Typ 166 Schwimmwagen hiányzó kerekekkel. Az alaphelyzetben, menetben a motorház tetején felfelé állított propeller le van eresztve. Ezt szükség esetén egy, a vízszintesen felszerelt kipuffogódobon tárolt kampós végű bottal lehetett leereszteni a vízbe. Úszás közben a járművet az első kerekekkel kormányozták. A Schwimmwagent 1942-ben rendszeresítették és 1944-ig gyártották.

A damaged VW Typ 166 Schwimmwagen with its wheels missing. The propeller is lowered but was normally in a raised position over the engine compartment while driving. A hooked rod stowed on top of the horizontal muffler guard was used to lower the propeller into the water when needed and the vehicle steered using the front wheels as rudders. They entered service in 1942 and production ceased in 1944.

Péter Kocsis Collection

Ez az új Auto Union Horch 901 Typ 40 (Kfz. 15) számos 901 Typ 40 (Kfz. 15) rádiós gépkocsi társaságában parkol egy mezőn. Az autó elejére kötözött faágak a sáros talajon történő előrehaladást voltak hivatottak segíteni. A gépkocsizó gyalogság fehér harcászati jelzése a hadosztály híradózászlóaljának 2. századát jelölte, a mellette lévő sárga színű pedig a 36. gyaloghadosztályé. A jármű RAL 7021 sötétszürke festést kapott.

This new Auto Union Horch 901 Typ 40 (Kfz.15) is parked in a field along with several other 901 Typ 40 (Kfz.17) Fu.Kw. wireless cars. A bundle of fascines is strapped to the front to help negotiate muddy ground. The tactical sign for the 2nd company of a signals battalion, is painted in white with the emblem of the 36.Infanterie-Division painted in yellow beside it. The vehicle is painted in overall RAL 7021 Dunkelgrau.

Péter Kocsis Collection

A Steyr 1500A személygépkocsi népszerű volt a csapatok körében. 1942 augusztusában a pótkerék elhelyezését a korábbi 1500A/01 változat karosszériába rejtett változatához képest módosították és már kívülre helyezték. A katonák „Edelweiss" (Havasi gyopár) karjelzése és különleges hegymászó bakancsai alapján a képen látható jármű egy hegyihadosztály (Gebirgs-Division) állományába tartozott. A háttérben egy Ford G 917 T vagy G997 T 3 tonnás teherautó látható.

The Steyr 1500A personnel carrier was a popular vehicle with the troops. In August 1942, the spare wheel was moved to the outside, which differentiates it from the earlier 1500A/01 where it was hidden inside the car body. Judging by the soldiers 'Edelweiss' patch on his right arm and special climbing boots, the vehicle is assigned to a Gebirgs-Division. In the background is a Ford G 917 T or G 997 T 3t truck.

Archive of Modern Conflict

Egy Auto Union Horch 901 Typ 40 (Kfz. 17) vasúti szállítása egy BMW R75 motorkerékpárral és egy német szolgálatba álíltott francia gyártású polgári Peugeot 402 személygépkocsival. A szinte vadonatújnak látszó jármű oldalára festett, négyszögbe keretezett „L" betű alapján ez a Horch a páncélos-tanhadosztály (Panzer Lehr Division) 901. vagy 902. páncélgránátos-tanezerdéhez (Panzergrenadier-Lehr-Regiment) tartozott. Az alakulatot 1943 decemberében állították fel és 1944 tavaszán Dél-Franciaországban képezték ki.

An Auto Union Horch 901 Typ 40 (Kfz.17) loaded on rail transport along with a BMW R75 motorcycle combination and a Peugeot 402 French civilian car that has been impressed into German service. The tactical emblem painted on the side with a script 'L' inside the box, indicates it is from either Panzergrenadier-Lehr-Regiment 901 or 902 of the Panzer Lehr Division, and appears to be in almost new condition. The unit was formed on 30 December 1943 and trained in southern France in the spring of 1944.

Péter Kocsis Collection

Aprólékos gonddal festették fel a 97. vadászhadosztály (Jäger-Division) alakulatjelzését ennek az 1939-es Ford Model 91 Deluxe Tudor szedánnak a jobb oldali sárvédőjére. Az első Ford tehergépjármű 1931-ben gördült le a kölni gyártósorról, az első személygépjármű 1933-ban követte. A 97. vadászhadosztályt 1942. július 6-án állították fel a 97. könnyű gyaloghadosztály kötelékeiből és súlyos veszteségeket szenvedett a kurszki csatában.

This 1939 Ford Model 91 Deluxe Tudor sedan has the emblem of the 97.Jäger-Division neatly painted in a white shield on its right fender. The first Ford trucks rolled off the assembly line in Cologne in 1931 followed by the first automobiles in 1933. The 97.Jäger-Division was formed on 6 July 1942 from the 97.leichte-Infanterie-Division and fought in the Kursk offensive where it suffered heavy losses.

Péter Kocsis Collection

Amint az a bal oldali sárvédőre festett alakulatjelzésből megállapítható, ez az Opel Admiral Cabriolet a 667. nehéz-páncélvadászosztály törzsében teljesített szolgálatot. Felette látható az „St" (Stab) betűvel kiegészített harcászati azonosítójelzés. Az autót álcázott fényszórókkal, Notek-lámpával, a bal sárvédőre szerelt parancsnoki zászlóval és a lökhárítóra rögzítet további fényszóróval alakították át katonai változatra. A 8,8 cm-es Pak 43 L/71 páncéltörő ágyúkkal felszerelt csapattestet 1943. július 19-én állították fel.

This Opel Admiral Cabriolet is serving on the staff of s.H.Pz.Jg.Abt.667 as can be seen stenciled on the left fender. Above that is the tactical sign for a battalion headquarters with the letters 'St' beside it denoting 'Stab'. It has been upgraded for military use with blackout covers on the headlights, a Notek light and command pennant on the left fender and an additional light mounted above the bumper. The unit was formed on 19 July 1943 and was equipped with the 8.8cm Pak43 L/71.

A 212. gyaloghadosztály egyik gépkocsizó szállítószázadának Simca 8 típusú gépkocsija Franciaországban, 1941-ben. A Simca 8 valójában egy olasz gyártású Fiat Balilla 1100 volt, amelyet licensz alapján gyártottak Franciaországban, akárcsak a Simca 5, amely eredetije a Fiat 500 Topolino volt.

A Simca 8 assigned to a motor transport company from 212.Infanterie-Division stationed in France in 1941. The Simca 8 was simply an Italian Fiat Balilla 1100 manufactured under license by Simca in France. Similarly, the Simca 5 is a Fiat 500 Topolino.

Péter Kocsis Collection

Péter Kocsis Collection

Ez a Steyr 1500A személygépkocsi a négykerék-meghajtás ellenére is elakadt a sárban, valószínűleg Oroszországban, 1941-ben. Két katona éppen megpróbálja eltávolítani a sarat az első kerekekről. Az eredeti RAL 7021 sötétszürke festésre sarat kentek álcázásként. A bal fényszóró és a hűtőrács között halványan kivehető a 2 cm-es légvédelmi gépágyús üteg harcászati azonosítójelzése, a lámpától balra pedig az alakulatjelzés.

This Steyr 1500A personnel carrier has become bogged down in a muddy field, likely in Russia in 1941, despite being four wheel drive. Two of its crew have been pressed into trying to clear away the mud from the front wheels. The original RAL 7021 Dunkelgrau color has had mud smeared over in an attempt at camouflage. A very faint tactical sign for a 2cm flak battery can be seen between the grille and the headlight along with the unit emblem on the right.

Péter Kocsis Collection

Az előző fényképen látható járművel egyazon alakulathoz tartozó újabb Steyr 1500A személyszállító gépkocsi küzdi át magát a sártengeren a kerekeire rögzített láncok segítségével. A motorháztetőre a légi azonosítás érdekében egy német hadilobogót feszítettek, hogy elkerüljék a Luftwaffe támadását. A gépkocsit egy 2 cm-es Flak 38 légvédelmi gépágyúval felszerelt Sd.Kfz. 10/5, egy másik Steyr 1500A és további két Sd.Kfz. 10/5 követi.

Another Steyr 1500A personnel carrier, from the same unit as the previous photo, battles its way through the mud aided by chains on all four wheels. This one has a German national flag tied across the hood as an air recognition symbol to prevent being attacked by the Luftwaffe. Following close behind is an Sd.Kfz.10/5 mounting a 2cm Flak38 anti-aircraft gun, another Steyr 1500A and two more Sd.Kfz.10/5.

Péter Kocsis Collection

Ez az Auto Union Horch 108 Typ 1b (Kfz. 31) mentőgépkocsi szintén elakadt egy sáros mezőn. A jobb oldali fényszóróra festett fehér G betű alapján a kocsi a Guderian páncéloscsoporthoz tartozott. A bal sárvédőn látható fehér, két karikán álló háromszög, felül egy kereszttel a gépkocsizó egészségügyi századok harcásztai jelzése volt.

An Auto Union Horch 108 Typ 1b (Kfz.31) ambulance also bogged down in a muddy field. The white 'G' painted on the right headlight cover signifies that its unit is attached to Panzergruppe Guderian. The tactical sign on the left fender is for a motorized medical company and consists of a white cross on top of a triangle on two circles.

Péter Kocsis Collection

Egy Sd.Kfz. 9 FAMO nehéz féllánctalpas vontatót használnak az előző képen látható mentőgépkocsi kiszabadítására. Ebből a szemszögből jól látható a 17. páncéloshadosztály jelzése az ajtón, illetve a kocsi hátuljára is felfestett G betű. A FAMO-n nincsenek látható jelzések.

An Sd.Kfz.9 FAMO heavy halftrack prime mover is being used to extricate the ambulance shown in the previous photo. In this view, we can see the divisional emblem for 17.Panzer-Division stenciled on the door and the 'G' and tactical sign are repeated on the rear of the body. There are no visible markings on the FAMO.

Péter Kocsis Collection

Ennek a Horch 901 Typ 40 (Kfz. 15) gépkocsinak megsérült az első tengelye, amelyet épp javítanak. A jobb hozzáférhetőség érdekében egy kisebb gödröt ástak a jármű alá. A jobb sárvédőre felfestették a Guderian páncéloscsoportot jelző G betűt, míg a bal sárvédőn a gépkocsizó lövészszázad jelzése, illetve a századot jelölő 5-ös látható. A jármű későbbi változatainak szélesebb karosszériája volt, amely magába foglalta a pótkereket és tágasabb belső teret biztosított a személyzetnek.

This Horch 901 Typ 40 (Kfz.15) has sustained some damage to its front axle and is being repaired in the field. A trench has been dug to allow access to the underside of the vehicle. A white ‘G’ for Panzergruppe Guderian is painted on the right fender and the tactical sign for a motorized rifle platoon with the number ‘5’ is painted on the left fender. Later versions had a wider body that enclosed the spare wheel giving more space to the interior.

Péter Kocsis Collection

A Volkswagen Kübelwagen Typ 82 (Kfz 1) terepjárót a német fegyveres erők minden hadszíntéren használták. A gépkocsi fejlesztése az 1930-as években kezdődött, az első sorozatgyártott példány 1940-ben hagyta el a wolfsburgi gyárat. A kép jobb oldalán egy Mercedes-Benz 170V Cabriolet B, a bal oldalon a háttérben pedig leengedett tetejű Mercedes-Benz 170V Cabriolet-Limousine látható. A sárvédőkön látható jelzések ismeretlenek.

The ubiquitous Volkswagen Kübelwagen Typ 82 (Kfz.1) was used in every theater of war by the German armed forces. Development started in the 1930's and the first production vehicles left the plant in Wolfsburg in 1940. To the right is a Mercedes-Benz 170V Cabriolet B and in the left background is a Mercedes-Benz 170V Cabrio-Limousine with the retractable roof. The emblems painted on the fenders are unknown.

Egy Adler 12N-RW Kübelwagen, egyike annak a csupán 199 példánynak, amelyet 1932 és 1934 között gyártott az Adlerwerke AG. A fellépőre egy köteg rőzsét erősítettek, amely a sáros terepen való haladásnál segíthette a járművet. A katonák mindegyike szürkészöld galléros M36 egyenruhát visel és a jármű is remek állapotban van, így elképzelhető, hogy a fénykép még a háború előtt készült. A sárvédőn az 5. gyaloghadosztály jelzése látható.

An Adler 12N-RW Kübelwagen, one of only 199 manufactured from 1932 to 1934 by Adlerwerke AG. A small bundle of wooden fascines are tied to the running board to be used to help with mobility in muddy conditions. The men are all wearing the M36 uniform with the grey-green collar and the car is in good shape perhaps indicating the photo was taken before the war. The unit emblem painted on the fender is for 5.Infanterie-Division.

A 6. hadsereg paracsnokának, Walther von Reichenau tábornagynak hadseregparancsnoki zászlóval ellátott Horch 901 Typ 40 Cabriolet (Kfz. 21) gépkocsija. A 6. hadsereg jelzését, a fehér ágaskodó mént a jobb sárvédőre festették, a bal oldalra kötegelt fahasábokat rögzítettek. Ezen a típuson eredetileg nem volt pótkerék, a képen látható járműre azonban felerősítettek egyet.

A Horch 901 Typ 40 Cabriolet (Kfz.21) displaying the command flag for an army commander, in this case the commander of 6.Armee, Generalfeldmarschall Walther von Reichenau. The emblem of 6.Armee, a prancing unicorn, is painted in white on the right fender and a small bundle of wooden fascines is strapped to the left. Normally, this type of vehicle was not equipped with a spare tire but one has been added on the driver's side door.

Péter Kocsis Collection

Egy Volkswagen Kübelwagen Typ 82 (Kfz.1) Észak-Afrikában, amely elakadt a heves esőzések miatt felázott sáros talajon. A járművön az sem segített, hogy a sivatagi körülményekhez kifejlesztett abroncsokkal szerelték fel. Mindkét katona trópusi egyenruhát visel, a bal oldali fényszóróra egy rohamsisakot akasztottak. A hátsó sárvédőn felfedezhető az Afrika-Hadtest (DAK - Deutsches Afrikakorps) fehérrel felfestett jelzése.

A Volkswagen Kübelwagen Typ 82 (Kfz.1) has become stuck after a heavy rain saturated the ground in North Africa. It doesn't help that the vehicle is fitted with the larger balloon tires used to improve mobility in dry desert conditions. Both men are wearing the tan tropical uniform and one helmet has been slung over the left headlight. The white DAK palm emblem can be seen painted on the rear fender.

Karlheinz Münch Collection

A VW Schwimmwagen Typ 166-ot vezető sérült hadnagy és utasa is a rohamtüzérek szürke egyenruháját viseli. A tiszt talán épp azért mosolyog, mert megúszta egy sebesüléssel. Jól láthatók a hiányzó ásó és evezők rögzítői a jármű oldalán, illetve a rendeltetésszerűen a kipufogó tetejére erősített kampós végű rúd, amellyel a propellert lehetett leengedni a vízbe.

The wounded Leutnant driving this VW Schwimmwagen Typ 166 and his passenger are both wearing the field grey assault gun uniform. Perhaps he's smiling because he was only wounded. The brackets for the missing shovel in front and paddle behind can be seen on the driver's side and the rod with the ring on the end was normally carried in brackets on top of the muffler guard and was used to raise and lower the propeller in the water.

Karlheinz Münch Collection

A katonák egyenruhája alapján ez a Schwimmwagen Typ 166 egy rohamlöveg-alakulat állományába tartozott. Úgy tűnik, a katonák egy térképet tanulmányoznak. Szokatlan a jármű oldalán elhelyezett „166"-os azonosítójelzés, az „1890"-es számot pedig valószínűleg már az alakulatnál festették fel. Az előtérben látható katona zubbonyának ujjára varrt két sáv a szolgálatvezető őrmester (Spiess) beosztását jelöli.

This VW Schwimmwagen Typ 166 has been assigned to an assault gun unit as can be seen by the men's uniforms. They appear to be looking at a map. The designator '166' painted on the side is unusual and the number '1890' seems to have been painted on by the unit. The man in the foreground is wearing the two stripes on his sleeves indicating he is 'der Spiess' or company sergeant major.

Péter Kocsis Collection

Jobb napokat is látott már ez az Auto Union Horch 901 Typ 40 (Kfz. 15). A pusztítást valószínűleg egy közeli robbanás okozta, amely letarolta a jármű elejét, a többi részét azonban nagyjából épen hagyta. A sérülések ugyanakkor azt is bizonyítják, hogy ezek a terepjáró gépkocsik milyen masszív konstrukciók voltak. Noha a sofőr fekete páncélos egyenruhát visel, a bal sárvédőn a gépkocsizó híradószázadok harcászati jelzése látható. Úgy tűnik, a jármű hátsó részében elhelyezett rádiókészülékek egyike sem sérült meg.

This Auto Union Horch 901 Typ 40 (Kfz.15) has seen better days. The damage was likely caused by a nearby explosion that left the front a shambles but the rest mostly intact. It demonstrates the rugged construction of these cross-country cars. The tactical emblem for a motorized signal company is painted on the left fender although the driver is wearing the black Panzer uniform. Apparently all the radio equipment in the back was not damaged.

Péter Kocsis Collection

A 178. páncélvadászosztály két katonája pózol egy igencsak tarka terepfestésű Opel Olympia törzsbeli gépkocsi mellett. A bal oldali katona zubbonyán Ezüst Sebesülési Érem és II. osztályú Vaskereszt látható, társa az egyszerűsített zsebekkel készült, tábori szürke hajtókával varrott M43 egyenruhát visel. A keleti fronton harcoló alakulatot 1943 májusában 26 Marder II páncélvadásszal szerelték fel.

Two men from Panzerjäger-Abt.178 pose beside an Opel Olympia staff car that has a rather gaudy camouflage scheme painted on it. The man on the left has been awarded the wound badge in silver and is wearing the ribbon of the Iron Cross 2nd Class in his lapel while the other is wearing the M43 uniform with simplified pockets and field grey collar. The unit was equipped with 26 Marder II in May 1943 and fought on the eastern front.

Péter Kocsis Collection

Fegyveres őr álldogál egy VW KübelwagenTyp 82 (Kfz. 1) mellett egy ismeretlen olasz városban. A sárvédőre festett fehér stencil a kerekek ajánlott levegőnyomását jelzi, 1,4 Atü az első, 1,8 Atü a hátsó futóművön. A ponyva hátulján kialakított osztott, szögletes ablak és a testre erősített Notek-lámpa alapján ez egy korai gyártású jármű. Figyeljük meg a megnövelt méretű vonóhorgok közé felszerelt, középen megerősített acélrúdból készült hátsó ütközőt!

A VW Kübelwagen Typ 82 (Kfz.1) with an armed guard nearby photographed in an unidentified Italian city. The white stenciling over the fenders provides the recommendec tire pressure expressed in atmospheres, 1.4 Atü for the front and 1.8 Atü for the rear. This is an early production vehicle with the divided rectangular windows in the canvas top and Notek light mounted on the body of the car. Note as well the extended tow hooks with steel rod bumper and center support.

Péter Kocsis Collection

A Luftwaffe egyik alakulatának Opel Blitz A-type 4x4 3 tonnás tehergépkocsija, amit a javító-karbantartó század katonái mesterien felpáncéloztak. A két első/oldalsó páncéllemezre kampókat rögzítettek, így szükség esetén könnyedén fel lehetett helyezni az első páncéllemezt is. Az „Anuschke” felirat alatt a 2 cm-es légvédelmi gépágyúval felszerelt alegység harcászati jelzése látható. A katonák a légierő trópusi egyenruháját viselik, kivéve a képen bal oldalon álló katonát, akinek a nadrágja a ritkán látható olasz terepszínű ruhaanyagból készült.

This Opel Blitz A-type 4x4 3t truck from a Luftwaffe unit in Italy has been skillfully armored by the maintenance company. Hooks have been attached to the front plates so a center plate can be dropped into place if needed. The tactical sign for the headquarters of a 2cm anti-aircraft unit is painted on the front armor plate below the name ‘Anuschke’. The men are wearing the tropical Luftwaffe uniform except for the man on the left who has trousers made of rarely seen Italian camouflage cloth.

Péter Kocsis Collection

A 4,5 t Büssing-NAG L4500A 3,7 cm-es Flak 36 légvédelmi gépágyús nehéz terepjáró tehergépkocsi könnyen páncélozott vezetőfülkével és a hűtőrácsot védő páncéllemezekkel készült. A plató oldalait le lehetett hajtani, hogy nagyobb mozgásteret biztosítsanak a légvédelmi gépágyú kezelőszemélyzetének. A járművet a gépágyú használata közben lehajtható talpakkal stabilizálták, amelyek a képen zárt helyzetben rögzítve láthatók.

The schwere Geländegängiger Lastkraftwagen 4.5t Bussing-NAG L4500A als Flakwagen für 3.7cm Flak36 is a heavy four-wheel drive truck fitted with a lightly armored cab and armored plates in front of the radiator. The rear platform had sides that could fold down to provide a larger area for the gun crew. A stabilizer could be deployed to the outside when the gun was in action, seen here in its stowed position.

Péter Kocsis Collection

Erre a Ford BB Model 1932 2,5 tonnás teherautóra fából készült vezetőfülkét építettek és a francia vegyészmérnök, Georges Imbert által az 1930-as évek elején kidolgozott gázgenerátorral látták el. A német haderő a háború vége felé egyre nagyobb körben alkalmazta a fagáz meghajtású járműveket, beleértve a kiképzésre használt harckocsikat is. A háború során szinte az összes, az európai kontinensen használt járműből készítettek gázüzemű változatot.

This Ford BB Model 1932 2.5t truck is fitted with a wooden cab and an Imbert gas generator invented by French chemical engineer Georges Imbert in the early 1930's. As fuel supplies declined towards the end of the war, the German military made extensive use of wood gas generators on numerous vehicles including tanks used for training purposes. During the war almost every motor vehicle used in continental Europe was converted for wood gas generation.

Péter Kocsis Collection

Az olasz hadsereg műszaki osztályának (Officine Meccanische) üzemanyagkannákkal megpakolt Taurus közepes teherautója a Földközi tenger észak-afrikai partján. A platón két olasz, a teherautó mellett a 15. páncéloshadosztály három német katonája látható. A részben takarásban lévő olasz rendszámtáblán a RoEto (Regio Esercito – Királyi Hadsereg) felirat piros, a számok fekete színűek.

An Italian Army O.M. (Officine Meccanische) Taurus medium truck loaded with fuel drums along the Mediterranean shoreline in North Africa. Two Italian soldiers are in the back of the truck while three German soldiers from 15.Panzer-Division stand off to the side. The partially obscured Italian registration plate beginning with RoEto (Regio Esercito) was painted in red with black numbers.

Ezt a britektől zsákmányolt Chevrolet Model 1533x2 30cwt tehergépkocsit a 21. páncélos-hadosztály katonái használták Észak-Afrikában. A vízszintes vonallal áthúzott D betűt formázó hadosztáy-jelzést és a Német Afrika Hadtest (Deutsches Afrikakorps) horogkeresztes pálmafáját a bal sárvédőre festették fel. A szélvédőre terített ponyvával a napsugarak okozta csillogást igyekeztek megelőzni, hogy elkerüljék az ellenséges repülőgépek figyelmét.

This captured British Chevrolet Model 1533X2 30cwt. truck is being used by men of the 21.Panzer-Division in North Africa. The divisional emblem, a 'D' with a horizontal line through it, along with the palm and swastika emblem of the Deutsches Afrikakorps, has been painted on the left fender. The tarp has been draped across the windshield to prevent the sun reflecting off the glass and revealing their location to enemy aircraft.

Péter Kocsis Collection

Ezt a szokatlan Auto Union Horch 108 Typ 1 terepjárót a felépítmény hátsó részének levágásával alakították át, hogy elhelyezzenek rajta egy 2 cm-es Flak 30 légvédemi gépágyút. Ez a változat csak kis mennyiségben készült. A plató oldalsó és hátsó falát az Sd.Kfz. 10/4-hez hasonlóan le lehetett hajtani, és ezekre az oldalsó rácsokra a féllánctalpashoz hasonlóan négy-négy lőszerrakaszt erősítettek. A sárvédőre festett jelzést sajnos nem lehet egyértelműen beazonosítani.

This unusual Auto Union Horch 108 Typ 1a has been modified by cutting down the rear half of the vehicle and installing a platform to carry a 2cm FlaK30. Built in small numbers, the sides and rear of the platform were hinged to fold down like the Sd.Kfz.10/4 and also mounted four ammunition magazines on each side. Unfortunately, the emblem painted on the fender is not clear enough to make out.

Péter Kocsis Collection

A Matford F917 (997) WS 4,5 tonnás tehergépkocsit a háborút megelőzően a francia haderő számára készítették és a német megszállást követően is gyártásban maradt a Wehrmacht részére. 1941-ben jóval erőteljesebb motort kapott, a feljavított változat jelzése F997 WS lett. Bal oldalon látható a hadosztály általános szállítóalakulatának harcászati jelzése, a mellé festett, itt sajnos nem kiolvasható szám a századot jelölte.

The Matford F917 (997) WS 4.5t truck was produced for the French army before the war and after the occupation, and it continued to be produced in large numbers for the Wehrmacht. In 1941, an improved version with a more powerful V-8 engine was produced as the F997 WS. The tactical sign painted on the left fender is that of a basic divisional services vehicle, likely followed by a company number that is illegible in this photo.

Péter Kocsis Collection

1941-ben számos Büssing-NAG Typ 650 teherautót és utánfutót alakítottak át vasúti szolgálatra a Német Birodalmi Vasút (Deutsche Reichsbahn) számára. Szabványosított csatlakozókkal látták el, amely vasúti kocsik vontatására is alkalmassá tette. A képen látható, javítás alatt álló példányról az oroszországi Tosznóban készült ez a felvétel.

In 1941, a number of Bussing-NAG Typ 650 trucks along with a number of trailers were converted to rail-lorries for use by the Deutsche Reichsbahn to run on rails. They were fitted with standard couplings and could also pull railway wagons on the tracks. This one photographed in Tosno, Russia is having one of its wheels repaired.

Péter Kocsis Collection

Egy Krupp L2H143 Protze (Kfz. 69) 3,7 cm-es Pak 35/36 páncéltörő ágyút vontat a franciaországi hadjárat idején. A jármű mindkét oldalára négy-négy nagyméretű lőszeres ládát erősítettek. A szélvédőre festett fehér G betű a Guderian páncéloscsoportot jelölte, a 6. páncéloshadosztály sárga jelzését a gépvontatású páncélvadászosztály (3. század) harcászati jelzése fölé festették a bal sárvédőre.

A Krupp L2H143 Protze (Kfz.69) towing a 3.7cm Pak 35/36 during the French Campaign. It is fitted with four large ammunition boxes mounted on each side. The white letter 'G' on the windshield is for Panzergruppe Guderian and the tactical emblem of 6.Panzer-Division is painted in yellow above the tactical sign for the 3rd company of a motorized anti-tank battalion.

Péter Kocsis Collection

A 44. hegyi páncélvadászosztály szintén 3,7 cm-es Pak 35/26 páncéltörő ágyút vontató Krupp L2H143 Protze (Kfz.69) terepjárója valószínűleg Oroszországban akadt el a terepen 1941-ben. Jól látható a négy nagyméretű lőszeres láda és a közéjük illesztett üzemanyag-kanna. Első pillantásra úgy tűnhet, a jármű emelője az egyik lőszeres ládát emeli, valójában csak neki van támasztva.

This Krupp L2H143 Protze (Kfz.69) from Geb.Pz.Jg.Abt.44, also towing a 3.7cm Pak 35/36, has become bogged down in a field most likely in Russia in 1941. Here we get a good view of the four large ammunition boxes with a space for a Jerrican. At first glance, it appears the vehicle jack is lifting on one of the ammunition boxes but reason tells us that is not possible, it is merely leaning against it.

Péter Kocsis Collection

Egy sebesült hadnagy áll egy ponyvás Krupp L2H143 Protze (Kfz. 69) előtt. A lökhárítóra egy fémből készült zászlótartó keretet erősítettek, a motorháztetőre pedig egy tekercs huzalt. A bal sárvédőre egy páncélvadászosztály 3. századának jelzését egy fehér körbe festették. Érdekesek a fényszórók éjszakai álcázására szolgáló borításra rögzített fémlemezek.

A wounded Leutnant stands in front of a Krupp L2H143 Protze (Kfz.69) with the canvas tarp pulled over the support bows. A metal frame flag support is attached to the front bumper and a roll of wire is fastened to the hood. The tactical sign for the 3rd company of an anti-tank battalion is painted inside a white circle on the left bumper. Of special interest are the two sheet metal shields fastened over the slits in the headlight blackout covers.

Péter Kocsis Collection

Egy téli álcázó festéssel ellátott Peugeot DMA tehergépkocsi igyekszik kivontatni egy szekeret az útra valahol Oroszországban. A 2 tonna teherbírású teherautóból több mint 15 300 darabot gyártottak a Wehrmacht részére a második világháború során. Figyeljük meg a hátsó kerekekre erősített, tapadást növelő hóláncokat és a hűtőrács párnázott takaróponyváját!

A winter whitewashed Peugeot DMA lorry attempting to pull a horse drawn wagon back on the road somewhere in Russia. The vehicle had a 2t payload capacity and more than 15,300 units were manufactured for the Wehrmacht in WWII. Note the chains added to the rear wheels to help with traction and padded cover over the radiator grille.

Péter Kocsis Collection

Katonák próbálják meg kiásni a mély hóból ezt az Opel Blitz S-type 3 tonnás tehergépkocsit, valószínűleg Németországban, a háború elején. A vezetőfülke tetején látható elfordítható háromszög függőleges helyzetben azt jelezte, hogy a teherautó vontatmánnyal közlekedik. A szélvédőn látható világosabb panel valószínűleg egy átlátszó műanyag lap, amelyet belülre erősítettek fel, hogy elkerüljék az üveg lefagyását. A sárvédőn látható alakulatjelzések nem ismertek.

Soldiers are digging out this Opel Blitz S-type 3t lorry from deep snow, likely in Germany early in the war. Mounted on the cab roof is a triangle sign that, when in the vertical position, indicates to oncoming traffic that a trailer is being towed. The lighter panel on the front windscreen I believe to be a clear plastic sheet spaced off the inside of the glass to prevent frosting up in the winter. The unit markings on the fender are unknown.

Péter Kocsis Collection

Erre az igencsak átalakított, tetejétől megszabadított Ford G917T 3 tonnás tehergépkocsira egy 2 cm-es Flak 30 légvédelmi gépágyút helyeztek. A szélvédő helyére egy vékony, felhajtható lemezekkel zárható kinézőkkel ellátott páncéllemezt rögzítettek, a hűtőrács elé pedig egy acél védőrácsot szereltek. A földön heverő szalmát a katonák valószínűleg a jármű álcázására használták, amikor épp nem kellett a gépágyút használniuk.

A 2cm FlaK30 has been mounted on this extensively modified Ford G917T 3t truck that has had the driver's cab roof removed. Thin armored plates with hinged visors have been added in place of the windscreen and a steel protective grille added in front of the radiator. The straw on the ground is probably used to camouflage its position when not in use.

Archive of Modern Conflict

Az Autoprotetto S.37 egy, a Fiat-SPA TL.37 tüzérségi vontató alvázán 1941-ben kifejlesztett olasz páncélgépkocsi volt. A járműbe a felépítmény hátulján kialakított két ajtón keresztül lehetett beszállni. Ezek egyike nyitott állapotban látható, az ajtó felső része felfekszik a páncélzatra. A nyitott tetejű jármű páncélzata 6 – 8,5 mm vastagságú volt. Összesen mintegy150 darab készült belőle, amelynek egy részét a Wehrmacht használta.

The Autoprotetto S.37 was an Italian armored car developed in 1941 on the chassis of the Fiat-SPA TL.37 artillery tractor. Access to the vehicle was gained through a pair of doors mounted in the rear, one of which can be seen hanging open here while to top half is laid back against the hull. Armor protection ranged from 6 to 8.5mm and the top was open. Approximately 150 examples were manufactured and were also used by the Germans.

TsAMO

Úgy tűnik, ezt az 1. gyártási sorozatban készült nehéz felderítő páncélgépkocsit (schwerer Panzerspähwagen, Sd.Kfz.233) megsemmisítette egy, a motorterét ért találat. A járművet 1937-ben gyártották, az irányjelzőkarokat fémrács védi és utólag, 1940 nyarán előtét-páncélzattal, 1941-ben pedig a torony szélére erősített antennával is felszerelték. A korai gyártású páncélgépkocsik bal oldalára egy légvédelmi géppuskaállványt is erősítettek, de ezeket 1939-ben eltávolították.

This schwerer Panzerspähwagen (Sd.Kfz.233) 1.Serie appears to have taken a hit in the engine compartment, which subsequently destroyed the vehicle. Produced in 1937, it had guardrails added to protect the turn signals and was back fitted with Zusatzpanzerung (additional frontal armor) in the summer of 1940 and the antenna mount on the turret in 1941. Early vehicles also had a swing arm for an anti-aircraft machine gun on the left side but these were removed in 1939.

Ez a 4. gyártási sorozatban készült nehéz rádiós felderítő páncélgépkocsi [schwerer Panzerspähwagen (Fu) (Sd.Kfz.232) (8 Rad)] szintén végzetes találatot kapott. Figyeljük meg a lerövidített első sárvédőket, a kinézőnyílások öntött páncéllemezét és a korábbi 2 cm-es KwK 30 löveget 1942 júliusától váltó 2 cm-es KwK. 38 ágyút! Noha a képen nehéz észrevenni, az első sárvédőkre – amelyeken a korábbi változatokon tartalék üzemanyagkannák voltak – négy-négy füstfejlesztőt erősítettek.

This schwerer Panzerspähwagen (Fu) (Sd.Kfz.232) (8 Rad) 4.Serie has also received a devastating hit in the engine compartment. Note the shortened front fenders, cast vision ports and 2cm KwK.38 main armament that replaced the 2cm KwK.30 in July 1942. Though difficult to see in this photo, there are four smoke generators mounted on each front fender instead of the spare fuel cans.

Archive of Modern Conflict

Ennek az 5. gyártási sorozatban készült téli álcázású, 7,5 cm-es löveggel felszerelt nehéz felderítő páncélgépkocsinak (Sd.Kfz. 233) 1943 júliusában páncéllemezeket szereltek a felépítményére, oldalra és hátulra. Az első ilyen járműveket zömmel a páncélozott rádiós változatokból (Sd.Kfz. 263) építették át és küldték őket Észak-Afrikába 1942 novemberében. A később készült verziók többségét a keleti fronton vetették be. 1942 júliusa és 1943 októbere között összesen 135 példány készült. Figyeljük meg a páncéltest oldalára helyezett aknát!

This winter camouflaged schwerer Panzerspähwagen (7.5cm) (Sd.Kfz.233) 5.Serie has armor shields that were added to the sides and rear in July 1943. The first vehicles were converted mostly from rebuilt Pz.Fu.Wg. (Sd.Kfz.263) and shipped to North Africa in November 1942. The majority of the rest of the production was sent to the Eastern Front. A total of 135 were produced from July 1942 to October 1943. Note the mine hanging on the side.

Archive of Modern Conflict

1944 októberében merült fel az ötlet, hogy a 7,5 cm-es Pak 40 páncéltörő ágyút felszereljék az Sd.Kfz. 251 lövészpáncélosra és az Sd.Kfz. 234 felderítő páncélgépkocsira. Az utóbbiból gyártott mintegy 90 jármű első példánya 1944 decemberére készült el. A 7,5 cm-es Pak 40 löveggel felszerelt nehéz felderítő páncélgépkocsikat az Sd.Kfz. 234/3 gyártásából elvont alvázakra építették.

The idea of mounting the 7.5cm Pak 40 on the Sd.Kfz.251 and Sd.Kfz.234 was first proposed in October 1944 and the first of approximately 90 vehicles were completed in December 1944. The schwerer Panzerspähwagen (7.5cm Pak40) (Sd.Kfz.234/4) was built on chassis diverted from Sd.Kfz.234/3 production in favor of the larger weapon.

Péter Kocsis Collection

Egy feltehetően még a háború előtt lefényképezett Daimler-Benz Maschinengewehrkraftwagen (Kfz.13). Fegyverzete egyetlen, páncéllemezzel védett 7,92 mm-es MG13 géppuska volt. Az Adlerwerke 147 darabot gyártott belőle 1932–1934 között. A járművet 1938-ban az Sd.Kfz. 221 könnyű felderítő páncélgépkocsival váltották fel. A háttérben az összesen 40 példányban gyártott rádiós változat, a Funkkraftwagen (Kfz. 14) egyike látható, amelyet az Sd.Kfz. 223 váltott. A járművön lévő felirat („Lettow-Vorbeck") a hamburgi laktanya neve, ahol az alakulat állomásozott.

A Daimler-Benz Maschinengewehrkraftwagen (Kfz.13) most likely photographed before the war. It was armed with one 7.92mm MG13 with a protective armor plate in front. There were 147 produced by Adlerwerke from 1932 to 1934 and in 1938 they were replaced with the Sd.Kfz.221. In the background is one of the radio car versions, the Funkkraftwagen (Kfz.14) of which only 40 were produced and that were replaced by the Sd.Kfz.223. Lettow-Vorbeck is the name of the Kaserne in Hamburg this unit was stationed at.

NARA

Ezt az amerikai M8 páncélgépkocsit az Ardennekben, St. Vith közelében zsákmányolták a németek és sietve túlméretezett fekete-fehér hasábkeresztet festettek a páncéltestre és a toronyra. Később, 1945. február 3–án az amerikai tüzérség lőtte ki. A jármű oldalára még az amerikai katonák festették fel a „Buffalo Bill" nevet. A Szövetségesek ötágú csillag felségjelzése részben még kilátszik a hasábkereszt alól.

This U.S. M8 Armored Car was captured near St. Vith in the Ardennes by the Germans, hastily remarked with an oversized black and white Balkenkreuz on the turret and hull and subsequently knocked out by American artillery on 3 February 1945. While still in American service, the crew painted the name 'Buffalo Bill' on the front fender. The remnants of the Allied five-pointed star can be seen partially covered by the Balkenkreuz.

NARA

Egy 1944. július 15-én kilőtt 2 cm-es könnyű felderítő páncélgépkocsi (Sd.Kfz. 222 Ausf. B) szétroncsolódott maradványai Franciaországban, Carentan közelében. Említésre méltó a bal oldalra felszerelt kiegészítő láda és a torony oldaláról hiányzó kinézőnyílás. A találat következtében kigyulladt motor megégette a páncéltest hátsó részét, a jobb oldalra rögzített üzemanyagkanna pedig felpuffadt a hőtől. A földön jobb oldalon látható a motortér oldalfala a szerelőnyílással. A járművet egy 2 cm-es KwK 38 löveggel fegyverezték fel.

The battered remains of a leichter Panzerspähwagen (2cm) (Sd.Kfz.222) Ausf.B 5.Serie, knocked out near Carentan, France on 15 July, 1944. Some of the features to note are the additional stowage bin on the left side and lack of a visor on the side of the turret. The resultant engine fire has scorched the rear of the hull and Jerrican mounted on the right side causing it to expand. On the ground to the right is the engine compartment side plate showing the engine access door. It was armed with a 2cm KwK.38.

Német katonák vizsgálják egy, a 3. gyártási sorozatban készült rádiós páncélgépkocsi [Panzerfunkwagen Sd.Kfz 263 (8 Rad)] roncsát. Noha a jármű elején egy nagyméretű fehér hasábkereszt látható, a fénykép nem készülhetett Lengyelroszágban, mivel a 3. sorozat gyártását csak 1941 májusában kezdték meg. Jól láthatók a hiányzó tartalék üzemanyagkannák háromszög alakú alsó tartói az első sárvédőkön.

German soldiers examine the wreckage of a Panzerfunkwagen (Sd.Kfz.263) (8 Rad) 3.Serie. Although it appears to have a large white Balkenkreuz painted on the front, the 3.Serie production did not begin until May 1941, and therefore eliminates the possibility of the location as being in Poland. The bottom supports for the triangular shaped spare fuel cans normally carried on the front fenders, can still be seen though the cans are missing.

Péter Kocsis Collection

Ez a 4. gyártási sorozatban készült 2 cm-es könnyű felderítő páncélgépkocsi (Sd.Kfz. 222 Ausf. A) Észak-Afrikában futott rá egy aknára. Figyeljük meg a földön heverő trópusi sisakot! Mivel a roncsolódott sárvédő félig leszakadt, láthatóvá vált egy háromszög alakú tároló. A kerékagy háromoldalú burkolóelemét a 4. gyártási sorozattól kezdődően kisebb, lekerekített változatra cserélték. A jármű sérülése nem tűnik végzetesnek, valószínűleg hamarosan kijavították.

This leichter Panzerspähwagen (2cm) (Sd.Kfz.222) Ausf.A 4.Serie was knocked out by a mine in North Africa – note the tropical helmet on the ground to the left. With the fender torn away, the triangular stowage bin can be clearly seen. The three-sided hub protector was replaced with a smaller round one beginning with the 4.Serie. The damage seems superficial and it was likely repaired shortly after.

Péter Kocsis Collection

Ez a 4. gyártási sorozatban készült könnyű rádiós páncélgépkocsi (kleiner Panzerfunkwagen Sd.Kfz. 260 Ausf. A) egy Auto Union Horch 901 Typ 40 segítségével kapaszkodik fel egy patak partján. A típusból 132 példány készült 1941 áprilisa és 1943 áprilisa között, s ezek mindegyike olyan rádiókészülékkel volt felszerelve, amelyek a repülőgépek frekvenciáját használták. A küzdőtér nagyméretű nyitott felső részét fémráccsal védték, amelyet nem két oldalra, hanem középre lehetett felhajtani.

This kleiner Panzerfunkwagen (Sd.Kfz.260) Ausf.A 4.Serie is getting an assist up a muddy bank from an Auto-Union Horch 901 Typ 40. There were 132 built from April 1941 to April 1943 and they were equipped with radio sets using the same frequency as aircraft. The wide opening in the crew compartment was protected with a set of mesh screens that were hinged in the middle instead of on the sides.

Péter Kocsis Collection

A 8. gyaloghadosztály 8. felderítőosztályának géppuskás könnyű felderítő páncélgépkocsija [leichter Panzerspähwagen (m.G.) Sd.Kfz. 221], amely az 1. gyártási sorozatban készült. Említésre méltó a háború korai szakaszára jellemző kétszínű álcázófestés, amely a jármű kétharmadát Nr. 46 sötétszürkével, egyharmadát Nr. 45. sötétbarnával fedte le. A képen a torony hátrefelé van fordítva. Mindkét első sárvédőn a páncélgépkocsi-század korai harcászati jelzése látható, alatta 8-as számmal.

An early leichter Panzerspähwagen (M.G.) (Sd.Kfz.221) Ausf.A 1.Serie from Aufklärungs-Abteilung 8 from the 8.Infanterie-Division. The early war two-tone paint scheme of 2/3 dunkelgrau Nr.46 and 1/3 dunkelbraun Nr.45 is noticeable in the photo. The turret is traversed to the rear in this view. An early form of the tactical sign for an armored car company is painted on each fender with the number ‘8’ below it.

Péter Kocsis Collection

Német katonák állnak körül egy, a 2. gyártási sorozatban készült felborult nehéz rádiós páncélgépkocsit [schwerer Panzerspähwagen (Fu) Sd.Kfz. 234 (8 Rad), korábban Sd.Kfz. 232]. A fénykép a Szudéta-vidék német megszállásakor készült 1938 októberében. Figyeljük meg a korai, 1933-tól rendszeresített magasszárú csizmát, amelyet három bőrszíjjal lehetett rögzíteni!

German soldiers mill around a schwerer Panzerspähwagen (Fu) (Sd.Kfz.234) (8 Rad) 2.Serie (renamed Sd.Kfz.232 on 7 September, 1940) that has toppled over on its side. The photo was taken during the German occupation of the Sudetenland in October 1938. Note the early style of marching boots introduced in 1933 with three leather straps on the side to close them up.

Péter Kocsis Collection

Ezt a 2. gyártási sorozatban készült nehéz rádiós felderítő páncélgépkocsit [schwerer Panzerspähwagen (Fu) Sd.Kfz. 234 (8 Rad), korábban Sd.Kfz. 232] megsemmisítette a tűz, miután legalább két páncéltörő találat érte az elejét. Láthatók a vezető búvónyílása elé, a torony elé és torony tetején kialakított kommunikációs nyílás elé erősített lövedék eltérítő lemezek. A torony oldalsó kinézőnyílásainak öntött fedőlemeze a 2. gyártási sorozatra utal, noha az irányjelzők védőrácsa hiányzik. A páncélost oldalára borították, hogy az utat szabaddá tegyék.

This schwerer Panzerspähwagen (Fu) (Sd.Kfz.234) (8 Rad) 2.Serie (renamed Sd.Kfz.232 on 7 September, 1940) was destroyed by fire after receiving at least two hits in the front by an anti-tank round. In this photo we can see the bullet deflectors in front of the driver's hatch, in front of the turret and in front of the signal port on the turret roof and cast visor on the front sides of the turret indicative of 2.Serie production, although it is missing the guard rails for the turn signals. It was pushed onto its side to clear the road.

A 6. páncéloshadosztály 2. gyártási sorozatban készült Sd.Kfz. 233 (8 Rad) nehéz felderítő páncélgépkocsiját valahol Trier és Koblenz között fényképezték le út közben, valószínűleg a Franciaország lerohanását megelőző napokban. A típust 1941 szeptemberében nevezték át Sd.Kfz. 231-re [schwerer Panzerspähwagen (Sd.Kfz.231) (8 Rad)].

This schwerer Panzerspähwagen (Sd.Kfz.233) (8 Rad) 2.Serie from 6.Panzer-Division was photographed traveling through a German town somewhere between Trier and Koblenz, probably in the days leading up to the invasion of France. In September 1940, they were renamed as schwerer Panzerspähwagen (Sd.Kfz.231) (8 Rad).

Péter Kocsis Collection

Egy könnyű rádiós felderítő páncélgépkocsi [leichter Panzerspähwagen (Fu) (Sd.Kfz.223) Ausf.A], szintén a 6. páncéloshadosztály kötelékében. A kezelőszemélyzet tagjának lába alatt a páncéltestre erősítve látható az antenna meghosszabbítását szolgáló négy, egyenként 1,25 m hosszú elemből álló rúd. Az irányjelzőket rács védi, a torony oldalán kialakított nyílásokat öntött fedőlemez zárja, a sárvédőkön pedig rugalmasan rögzített szélességjelzők vannak. A járművet borító por teljesen elfedi a szabvány kétszínű terepmintázatot.

A leichter Panzerspähwagen (Fu) (Sd.Kfz.223) Ausf.A 3.Serie, also from 6.Panzer-Division. Just behind the crewman's legs are the four 1.25m long Steckmast, or antenna extension rods, stowed on the side of the hull. It has guardrails for the turn signals, cast visors on the sides of the turret and flexible width indicators mounted on top of the fenders. The vehicle is covered with a layer of dust that completely obscures the prescribed two-tone paint scheme.

Péter Kocsis Collection

További két, a 3. gyártási sorozatban készült könnyű rádiós felderítő páncélgépkocsi (Sd. Kfz. 223 Ausf. A) a városon átvonuló oszlopban. Mindkettőn fehér hasábkereszt és a 6. páncéloshadosztály jele látható, egy fordított „Y" két ponttal. A két kép remek lehetőséget nyújt, hogy összehasonlítsuk a megemelt és a leeresztett keretantennát.

Two more leichter Panzerspähwagen (Fu) (Sd.Kfz.223) Ausf.A 3.Serie follow along as the column moves through the town. Both of them display a white outline Balkenkreuz along with the tactical emblem for 6.Panzer-Division, and inverted 'Y' followed by two dots. This photo provides a good comparison for the raised and lowered frame antenna.

Péter Kocsis Collection

Egy újabb könnyű rádiós felderítő páncélgépkocsi (Sd.Kfz. 223 Ausf. A), ezúttal azonban az 1. gyártási sorozatból. A torony kinézőnyílásait sajtolt fémből készült lemezek fedik, az irányjelzőkaroknak nincs védőrácsa, a kisebb méretű szélességjelző pedig a sárvédő ferde részére van erősítve. Figyeljük meg a korábbi képeken látott járművekhez képest eltérő hasábkeresztet, illetve a légi azonosításra szolgáló lobogót a motortér felett!

Another leichter Panzerspähwagen (Fu) (Sd.Kfz.223) Ausf.A but a 1.Serie production with the plate visors on the turret, no guardrail for the turn signals and the smaller width indicator poles mounted on the sloping front of the fender. Note the interesting difference in the style and size of the white Balkenkreuz painted on this vehicle compared to the ones in the previous photo and the German national flag on the engine deck for aerial recognition.

Péter Kocsis Collection

Remek közeli fénykép egy, a 3. sorozatban gyártott géppuskás könnyű felderítő páncélgépkocsiról [Sd.Kfz. 221 (M.G.)], amely a 6. páncéloshadosztály állományába tartozott. Jól láthatók az irányjelzőket védő rács részletei. A páncéltest kialakítása miatt a tárolódobozt nem lehetett közvetlenül ráépíteni a sárvédőre, ezért mindkét oldalra egy-egy további dobozt rögzítettek.

A good close up of a leichter Panzerspähwagen (M.G.) (Sd.Kfz.221) Ausf.A 3.Serie also from 6.Panzer-Division showing the turn signal guardrail in good detail. Due to the shape of the body, the triangular stowage bins could not be built into the fenders so an additional box was added on each side.

Péter Kocsis Collection

Német katonákat szállító Ford V 300 S6SM (Sd.Kfz. 3b) „Maultier" („Öszvér") Oroszországban. Noha a lánctalpas futómű miatt a jármű teherbírása 3-ról 2 tonnára csökkent, sikeres konstrukciónak bizonyult, amelyből mintegy 15 000 példányt gyártottak a háború végéig. A vezetőfülkét láthatólag sárral álcázták.

A Ford V 3000 S/SSM (Sd.Kfz.3b) 'Maultier' transporting German troops in Russia. Although the cargo capacity was reduced from 3t to 2t due to the addition of the tracked undercarriage, it proved to be a successful vehicle and approximately 15,000 were produced by the end of the war. It looks like a rough camouflage scheme has been applied with mud on the cab of the vehicle.

Thomas Anderson Collection

Erre az Opel Blitz S-Type (Sd.Kfz. 3) „Maultier"-re egy manuálisan működtethető darut szereltek, amellyel egy lerobbant Opel Olympia személygépkocsit vontatnak. Úgy tűnik, a katonák a hideg ellenére is élvezik a harcok közötti rövid szünetet és kihasználják, hogy egy korty bort igyanak. Egyikük a rohamtüzérek szürke egyenruháját viseli. A képen látható járművet a 210. rohamlövegosztály műhelyszázada használta Oroszországban.

This Opel Blitz S-type (Sd.Kfz.3) 'Maultier' has had a light manual crane attached to the frame and is being used to tow this disabled Opel Olympia. Despite the cold looking weather it appears that these men are enjoying a temporary lull in the fighting to drink some wine. One of the men is wearing a field grey assault gun uniform. The maintenance company of StuG. Abt.210 used the vehicle in Russia.

NARA

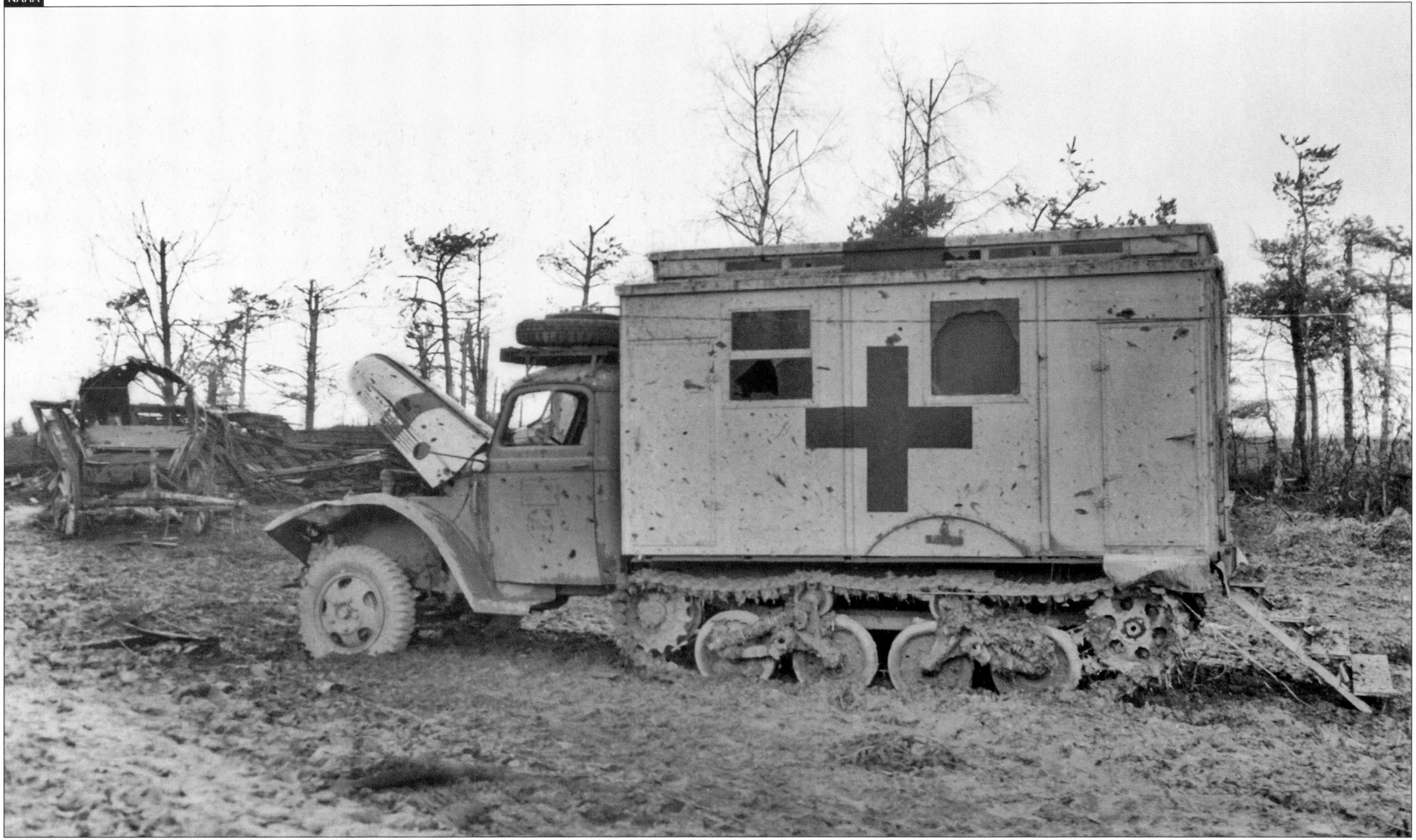

Úgy tűnik, ezt a Ford V 3000 S6SSM (Sd.Kfz.3/4) „Maultier" mentőgépkocsit (Krankenwagen) a motor műszaki problémája miatt hagyták hátra. Figyeljük meg a kései típusú sárvédőket! A rétegelt lemezből készült, szabvány felépítményt („Einheitskofferbau") hagyományos, kerekes teherautókra is felépítették, amit jól bizonyít az itt lemezzel takart, a hátsó kerekeknek teret adó íves kivágás. A képen látható jármű felépítményét és motorháztetejét fehérre festették és nagyméretű vöröskereszttel látták el.

This Ford V 3000 S/SSM (Sd.Kfz.3/4) 'Maultier' Krankenkraftwagen, or ambulance, appears to have been abandoned due to engine problems. Note the late type flat fenders. The pressed cardboard ambulance body, known as the 'Einheitskofferaufbau', was a standard body that was also fitted to the wheeled lorries, which explains the semicircular cutout that has been filled in where the rear wheels would have been. On this one, the body and hood have been painted white with a large red cross.

Péter Kocsis Collection

Az 5 cm Pak 38(Sf) auf Zugkraftwagen 1t az 5 cm-es Pak 38 L/60 páncéltörő ágyú és az Sd.Kfz. 10 féllánctalpas vontató célszerű párosításának eredménye volt, amellyel egy mozgékony fegyverrendszert hoztak létre. Néhány példányt a Waffen-SS alakulatai tábori körülmények között átalakítottak, kiegészítő páncélzattal látták el a motorteret, a hűtőrácsot és a szélvédőt.

The 5cm Pak38(Sf) auf Zugkraftwagen 1t was an expedient design that resulted from placing a 5cm Pak38 L/60 anti-tank gun on the chassis of the Sd.Kfz.10 to create a more mobile weapon. Some were field modified by Waffen-SS units by adding light armor plates over the engine compartment, in front of the radiator and in front of the driver's cab.

Archive of Modern Conflict

Egy igencsak új 15 cm Panzerwerfer 42 auf Sf (Sd.Kfz. 4/1). A járműre egy tízcsöves vető-szerkezetet építettek a 15 cm-es Nebelwerfer 42 rakéták számára, így az a tüzelést követően gyorsan tüzelőállást tudott váltani, amire szükség is volt a rakéták feltűnő füstje miatt. Magában a járműben további tíz rakétalövedéket tároltak. A képen látható jármű RAL 7028 sötétsárga alapszínű, zöld vagy barna álcázómintával. A motor oldalára az „Alberich" nevet festették fel, a középső tárolódobozon azonban sajnos nem lehet kiolvasni a feliratot.

This is a fairly new 15cm Panzerwerfer 42 auf Sf (Sd.Kfz.4/1). The vehicle mounted a ten-barrel launcher for the 15cm Nebelwerfer 42 rocket and could be quickly relocated after firing as the rockets left a conspicuous smoke trail. An additional ten projectiles were carried in the vehicle. This one appears to have been painted in Dunkelgelb RAL 7028 with either a green or brown camouflage overspray. The name 'Alberich' has been painted on the fender along with some undecipherable words on the center stowage bin.

Péter Kocsis Collection

A 3,7 cm Pak35/36 auf Zugkraftwagen 1t szintén egy észszerű fejlesztés eredménye volt. Ez esetben a teljes 3,7 cm-es Pak35/36 vontatott páncéltörő löveget szerelték fel a vezetőállás mögé, hogy nagyobb mozgékonyságot biztosítsanak a fegyvernek. Az alapjármű a könnyű vontatójármű (Sd.Kfz 10 Ausf. B) volt, amely eredetileg vontatta az ágyút. A löveg hátrasiklását és elmozdulását nehéz farönkökkel fékezték.

The 3.7cm Pak35/36 auf Zugkraftwagen 1t was another expedient design that saw the complete towed 3.7cm Pak35/36 mounted behind the driver's cab in order to provide greater mobility. The basic chassis here is the leichter Zugkraftwagen (Sd.Kfz.10) Ausf.B that originally towed the gun. Heavy timber blocks have been installed to support the gun and absorb the recoil forces.

Karlheinz Münch Collection

Az RSO (Raupenschlepper Ost) egy könnyű lánctalpas jármű volt, amit azért fejlesztettek ki, hogy megküzdjön az orosz útviszonyokkal, amelyek igencsak megviselték a hagyományos kerekes járműveket. A képen két RSO/01 fémfülkés és egy RSO/02 ponyvás változatot látunk, amelyeket hómarókkal szereltek fel. A járművek platóit megemelték, hogy a hómarók szerkezetét az alvázkerethez lehessen erősíteni, illetve elférjen a marók motorja. Ezt a változatot a szárazföldi haderő alakulatainak alárendelt önálló hóeltakarító századok (Schneeräum Kompanien) alkalmazták.

The RSO (Raupenschlepper Ost) was a lightweight fully tracked vehicle that was conceived as a result of the road conditions in Russia and their effect on normal wheeled transport. Here we see two RSO/01 with pressed metal cabs and one RSO/02 variant of the vehicle that have been fitted with snow blowers. The cargo platform was raised so the structure of the equipment could be attached to the frame and the motor that operated the blowers was situated there. They were operated by independent Schneeräum Kompanien attached to army units.

Péter Kocsis Collection

Az RSO/01 fülkéje préselt fémlemezből készült. A képen látható, 7,5 cm-es Pak 40 páncéltörő ágyút vontató példány egy páncélvadász alakulat állományába tartozott. A RAL 7028 sötétsárga festésű vontató vadonatújnak látszik, míg vontatmánya még a korábban használt RAL 7021 sötétszürke festést viseli. Az RSO-t 1942-ben rendszeresítették, a háború végéig négy különböző gyárban körülbelül 23 000 darabot gyártottak.

The RSO/01 had a contoured pressed metal cab. This one is employed by an anti-tank unit and is towing a 7.5cm Pak40. The RSO looks new and is painted in dunkelgelb RAL 7028 while the gun is still painted in dunkelgrau RAL 7021. They were first introduced in 1942 and approximately 23,000 were produced by four manufacturers before the end of the war.

Péter Kocsis Collection

Ezt az RSO/01-t Oroszországban fényképezték le két Sd.Ah. 31 lőszerszállító utánfutóval. A jármű új gyártásúnak tűnik, amit teljes egészében fehér téli álcázással láttak el, a ponyva azonban láthatólag szürke maradt. A kisméretű utánfutó teherbírása mindössze 1,5 tonna volt.

This RSO/01 was photographed in Russia with two Sd.Ah.31 ammunition trailers behind. The vehicle looks new and has a uniform coat of winter whitewash camouflage paint. The canvas top looks like it is still grey. The small cargo platform only had a capacity of 1.5t.

Péter Kocsis Collection

Ugyanaz az RSO, ezúttal hátulról fényképezve. Jól látható a platón szállított számos lőszertároló. A jobb oldalon térdelő katona fadeszkákat fűrészel, hogy belülről megerősítsék a plató oldalfalait és így több lőszert tudjanak szállítani. Személyes egyéni felszerelését levette, hogy ne akadályozza a munkában. Figyeljük meg az eredeti sötétszürke, illetve a fehér téli álcázószín közötti különbséget!

Another view of the same RSO, this time from the rear showing a number of ammunition canisters stowed in the back. The man on the right is sawing wood planks to be added to reinforce the insides so that more ammunition can be carried, as the canvas would not be able to support the load by itself. Their personal gear has been unloaded to permit the work to be done. Note the contrast between the original dunkelgrau RAL 7021 paint and the whitewash.

James Haley Collection

▲
A 103. páncélososztály tábori javítóműhelyéről készült fényképen két Sd.Kfz. 9 FAMO nehéz féllánctalpas vontatót, egy 3 tonnás Bilstein daruval felszerelt Büssing-NAG Typ 4500A teherautót és néhány további szállítójárművet figyelhetünk meg. A háttérben egy zsákmányolt szovjet traktor áll. Közvetlenül a közelebbi FAMO mögött egy Panzer II és egy Panzer IV Ausf. E, nekünk balra pedig egy Panzer III Ausf. J látható. Figyeljük meg, hogy a javítóbázist egy mélyebb területen állították fel, hogy elkerüljék az ellenség figyelmét!

▲
In this photo of a field repair facility from Pz.Abt.103, we can see two Famo Sd.Kfz.9 heavy half-track prime movers, a Bussing-NAG Typ 4500 A mounting a Bilstein 3t Drehkran and some unidentified transport trucks. In the background is a captured Soviet artillery tractor. Immediately behind the nearest Famo is a Panzer II and Panzer IV Ausf.E while on the left is a Panzer III Ausf.J. Note how they have set up the facility in a low area to hide their location.

Péter Kocsis Collection

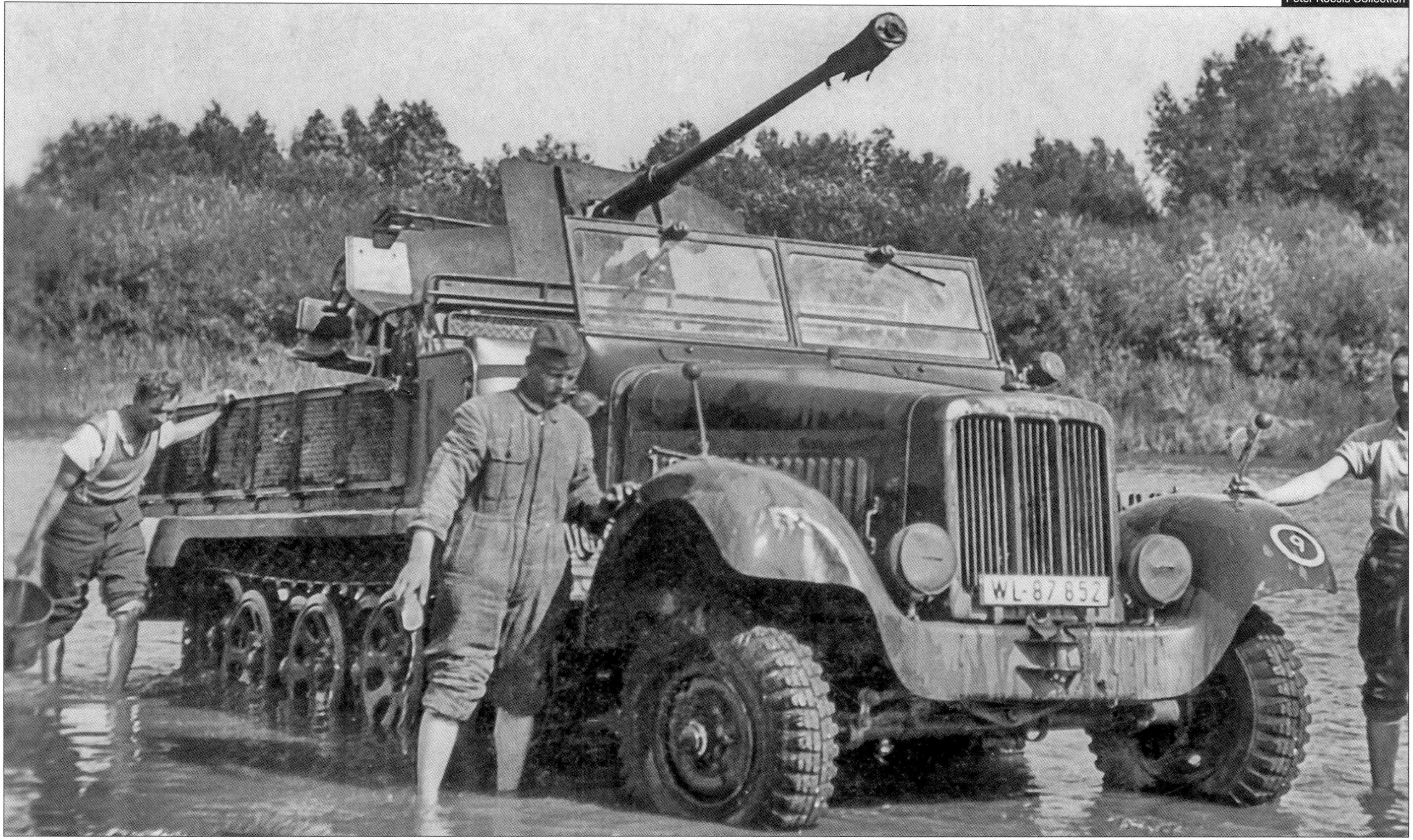

Egy 3,7cm Flak 36 auf Fahrgestell Zugkraftwagen 5t (Sd.Kfz. 6/2) személyzete egy sekély patakban próbálja meg lemosni a felgyülemlett sarat a járműről. Amint az a rendszámtábláról leolvasható, a féllánctalpas a Luftwaffe egyik légvédelmi tüzéralakulatának állományába tartozott. A plató oldalfalai fémrácsból készültek és lehajthatók voltak, hogy a légvédelmi gépágyú alkalmazása közben nagyobb mozgásteret biztosítsanak a kezelőknek.

The crew of this 3.7cm Flak36 auf Fahrgestell Zugkraftwagen 5t (Sd.Kfz.6/2) spend some time washing the accumulated mud and dirt from their vehicle in a shallow river. As can be seen by the license plate, it belongs to a Luftwaffe anti-aircraft unit. The sides and back of the platform were made from metal grating that could be folded down in action to provide more space for the gun crew to operate.

Péter Kocsis Collection

Az 1. hegyihadosztály alárendeltségébe tartozó közepes féllánctalpas vontató (Sd.Kfz. 7). A Krauss-Maffei 1932-ben kezdte meg a jármű fejlesztését, az első példány 1934-ben készült el. Tüzérségi vontatónak tervezték a 15 cm-es nehéz tábori tarackok, illetve a 8,8 cm-es Flak 18 légvédelmi lövegek vontatására, de 15-18 főnyi gyalogságot is el tudott szállítani. A jármű jobb sárvédőjén a hegyivadászok havasi gyopár emblémája látható, a bal oldalon pedig a hadosztály tüzérezredének 11. gépvontatású tüzérütege harcászati jelzése.

A mittlerer Zugkraftwagen 8t Sd.Kfz.7 medium half-track prime mover attached to 1.Gebirgs-Division. Krauss-Maffei began development in 1932 and the first units were produced in 1934. It was designed as an artillery prime mover to tow the 15cm sFH18 and the 8.8cm Flak18 and as an infantry carrier that could transport 15 to 18 men. On the right fender is painted the Edelweiss emblem of the Gebirgsjäger and on the left fender is the tactical sign for a towed artillery regiment with the battery number '11' painted beside it.

A németek 1940-ben hatalmas mennyiségű francia felszerelést zsákmányoltak, így Unic Kegresse P-107 féllánctalpasokat is. Ezeket leichter Zugkraftwagen 37 U304(f) néven rendszeresítették és különböző páncéltörő ágyúk – jelen esetben egy 5 cm-es Pak 38 – vontatására alkalmazták. A későbbiekeben már más feladatokra is használták, például páncélozott személyszállítóvá alakították át. A bal oldalon a felderítőosztályok harcászati jelzése látható, a jobb oldalra festett hadosztályjelzés ismeretlen.

In 1940, the Germans captured large quantities of French equipment including the Unic Kegresse P-107 half-track. They used them under the name leichter Zugkraftwagen 37 U304(f) to tow various anti-tank guns, in this instance, a 5.0cm Pak38 anti-tank gun. Later during the war, they were converted to many other uses as well such as light armored personnel carriers. The tactical sign on the left side is for a reconnaissance battalion. The division emblem on the right is unknown.

Péter Kocsis Collection

Egy újabb 3,7 cm Pak35/36 auf Zugkraftwagen 1t, egy Sd.Kfz. 10 Ausf. B vezetőtere mögé állványra épített löveggel. A rendelkezésre álló fényképek alapján úgy tűnik, hogy a löveg rögzítését többször eltérő módon oldották meg, például úgy, hogy a kerekeket leszerelték a lövegtalpról. Mivel ezeknek az átalakításoknak a zöme tábori körülmények között történt, nincs hivatalos adatunk az elkészült példányokról. Figyeljük meg az egyedi tárolódobozt az ívelt sárvédőn!

Another 3.7cm Pak35/36 auf Zugkraftwagen 1t with the gun mounted on a pedestal behind the driver's cab in an Sd.Kfz.10 Ausf.B. Based on available photographs, it seems that there were many different solutions for mounting the gun, some of which included the complete undercarriage less the wheels. As these were mostly unit modifications there are no official records available. Note the custom stowage locker on the rear and the bent fender.

Péter Kocsis Collection

Egy Sd.Kfz. 8 12t közepes vontató egy 8,8cm-es Flak 37 löveget vontat egy hófedte úton Oroszországban. A jármű fejlesztése 1931-ben kezdődött a Daimler-Benznél, az első példányok 1934-ben álltak német szolgálatba. Elsődleges feladatuk az olyan nehéz tüzérségi eszközök vontatása volt, mint a 15 cm-es lövegek, a 21 cm-es mozsarak és a 10,5 cm-es légvédelmi ágyúk. A helyretolószerkezet borításán látható B betű a löveg ütegen belüli helyét jelezte. Figyeljük meg a vontató hátuljára kötözött kisméretű fa szánkót!

This 8.8cm Flak37 is being towed by a mittlerer Zugkraftwagen 12t Sd.Kfz.8 medium half-track prime mover over a snow covered road in Russia. Development by Daimler-Benz began in 1931 and the first units entered German service in 1934. It was intended to tow heavy artillery like the 15cm guns, 21cm mortars and 10.5cm Flak. The letter 'B' painted on the recuperator denotes its place in the battery. Note the small wooden boat tied to the back of the half-track.

Péter Kocsis Collection

Újabb zsákmányolt francia típus német szolgálatban. Ezúttal egy Unic TU 1 vontat súlyos rakományt valahol Oroszországban. A Zugkraftwagen U 305 (f) terhelhetősége 475 kg volt, és mindössze 236 darab készült belőle 1939–1940 között. A sárvédőre festett harcászati jelzés és a mellé festett 4-es szám alapján a jármű egy gyalog- vagy gránátosezred 4. századának állományába tartozott. Figyeljük meg a lövedék ütötte lyukat a szélvédőn!

Another captured French half-track in German service is this Unic TU 1 seen here in Russia towing a heavily loaded sled. Designated Zugkraftwagen U 305 (f), it only had a payload capacity of 475kg and only 236 were manufactured from 1939 to 1940. The tactical sign painted on the fender with a '4' beside it, indicates it is attached to the 4th company of an infantry or Grenadier regiment. Note the bullet hole in the windscreen.

Egy korai gyártású Büssing-NAG BN 17 5 tonnás közepes vontató (Sd.Kfz. 6) két pontonelemet vontat Németországban, valószínűleg a Franciaország elleni invázió felkészülési időszakában. A korai változatnak oldalanként négy görgője volt, amelyet 1938-ban a BN 1 8 változat esetében már hat párra egészítettek ki. A képen látható példány utászfelépítménnyel (Pioniere Aufbau) készült. Körülbelül 3 000 darabot gyártottak 1935–1943 között.

This is an early model Büssing-NAG BN 1 7 mittlerer Zugkraftwagen 5t (Sd.Kfz.6) seen here in Germany towing a trailer with two sections of bridging pontoons, probably in preparation for the invasion of France. The early version had four wheels on each side, which was increased to six on the BN 1 8 version in 1938. This one has the Pioniere Aufbau, or engineer body. An artillery version was produced with the A-Aufbau and designated Sd.Kfz.6/1. About 3,000 were built from 1935 to 1943.

Péter Kocsis Collection

Ez az Sd.Kfz. 7 8t közepes vontató egy ismeretlen típusú csónakot vontat egy német városban. Valószínűleg egy civil csónak lehet, ugyanilyet használtak az amerikai csapatok a Rajnán 1945-ben. A háttérben egy Renault AGC teherautó látható. A bal oldalon álló gépkocsit rendszámánának „IVB" kezdőbetűi alapján Baden körzetében regisztrálták, így a fénykép is ezen a környéken készülhetett.

This mittlerer Zugkraftwagen 8t Sd.Kfz.7 is towing an unidentified type of boat through a German town. Possibly a civilian boat, there is another photo of an identical boat being used by the US Army crossing the Rhine in 1945. The vehicle in the background is a Renault AGC lorry. The prefix 'IVB' on the license plate of the car on the left indicates it was registered in the Baden area so that gives us a general idea of the location.

Péter Kocsis Collection

Ennek az 1 tonnás könnyű vontatónak (Sd.Kfz. 10) a terepen kellett megjavítani a bal első kerekét. A jobb oldali sárvédőn a Sztálingrádnál később megsemmisült 60. (gépkocsizó) gyaloghadosztály jelzése látható. A bal sárvédőre festették a gépvontatású páncélvadászosztály harcászati jelzését és a 3. századra utaló számot.

This leichter Zugkraftwagen 1t Sd.Kfz.10 is having its left front wheel repaired in the field. The emblem painted on the right fender is that of the 60.Infanterie-Division (mot) which was destroyed at Stalingrad. The tactical sign painted on the left fender is for a motorized anti-tank battalion followed by a '3' denoting the company.

Péter Kocsis Collection

A Németországgal szövetséges egyik állam katonáinak mutatnak be két új Sd.Kfz. 8 12t közepes vontatót a franciaországi Mailly-le-Camp-ben. A fénykép a háború elején készült, mivel a két jármű még az Nr. 46 sötétszürke és Nr. 45 sötétbarna álcázószínt viseli. Mindkét vontató bal sárvédőjére a 23. páncéloshadosztály 201. páncélosezredének emblémáját festették fel a műhelyszázad rombusz alakú harcászati jelzésével és egy római „II" számmal.

These two new mittlerer Zugkraftwagen 12t Sd.Kfz.8 medium half-track prime movers are being demonstrated to soldiers from one of Germany's allies at Mailly-le-Camp in France The photo was taken early in the war as the two vehicles are still painted in the two-tone dunkelgrau Nr.46 and dunkelbraun Nr.45 paint scheme. On the left fender of each one is painted the emblem of Panzer-Regiment 201 of the 23.Panzer-Division with the rhomboid shape tactical sign of a tank maintenance company below it followed by a Roman numeral 'II'.

Péter Kocsis Collection

A 35. gyaloghadosztály 35. páncélvadászosztályának francia gyártmányú Unic Kegresse P-107-e egy 5 cm-es Pak 38 páncéltörő ágyút vontat. 1940-ig 3276 darabot gyártottak a francia hadsereg részére, amelynek a zömét a francia fegyverletételt követően a Wehrmacht átvett és a német szabványoknak megfelelően átalakított. A jármű új rendszámtáblát (WH 432929) és Notek-lámpát kapott.

This French Unic Kegresse P-107 from Panzer-Jäger.Abt.35 of the 35.Infanterie-Division is towing a 5.0cm Pak38 anti-tank gun. There were 3,276 built for the French army by 1940 and most were taken over by the Wehrmacht after the French surrender and were modified to conform to German standards such as the addition of license plates (WH 432929) and a Notek lights.

Péter Kocsis Collection

Az előző fényképen látható Unic Kegresse P-107 hátulról. A jármű kezelői az állandónak tekinthető vödörtől kezdve a nagyméretű üstig bezárólag igencsak jól ellátták magukat felszerelésekkel. A Wehrmacht rendszámtábla és a Notek-lámpa mellett egy tekercsnyi drót is helyet kapott hátul.

Here is a rear view of the Unic Kegresse P-107 in the previous photo. The crew is well equipped to be self sufficient with the ubiquitous pail and a large metal cauldron. A roll of wire is also carried on the back of the cargo body along with a Wehrmacht license plate and Notek convoy light.

Péter Kocsis Collection

Egy újabb Unic Kegresse P-107 féllánctalpas vontató, ezúttal a 35. gyaloghadosztály 35. tüzérezredének állományából, amint egy 10,5 cm-es leFH18 tábori tarackot vontat. A lövegpajzs belső felére festett B betű a löveg ütegen belüli helyét jelöli. Az alakulat Franciaország 1940-es lerohanását követően 1941-ig, a „Barbarossa" hadművelet kezdetéig megszálló feladatokat hajtott végre az országban.

Another Unic Kegresse P-107 half-track from Artillerie-Regiment 35 of the 35.Infanterie-Division, here towing a 10.5cm leFH18 howitzer. The letter 'B' can be seen painted on the inside face of the gun shield denoting its position in the battery. After taking part in the invasion of France in 1940, the unit served in occupation duty until it took part in Operation 'Barbarossa' in 1941.

Péter Kocsis Collection

A 270. rohamlövegosztály katonái pózolnak egy NSU HK101 (Sd.Kfz. 2) könnyű lánctalpas motorkerékpár, közismert nevén Kettenkrad mellett. A fénykép készítésének ideje 1943 tavasza lehet, mivel a járműről már elkezdett lekopni a téli álcázófestés. A Kettenkrad a maga 1250 kg-os súlyával és közúton 70 km/óra, terepen annak nehézségétől függően akár 50 km/óra legnagyobb sebességével kicsi és gyors jármű volt. A képen látható változat már kései gyártású, mivel az első vonószemeket alulra erősítették fel a testre.

Men from StuG.Abt.270 pose for a photo with an NSU HK101 (Sd.Kfz.2) kleines Kettenkraftrad, or Kettenkrad, as it was known. It has a worn coat of winter whitewash paint so that would place the time in the spring of 1943. The Kettenkrad was small and fast, weighing about 1,250kg, with a maximum road speed of 70kmh and a cross-country speed of 50kmh depending on the terrain. It is a later production vehicle with the front tow hooks mounted lower on the hull.

Péter Kocsis Collection

Erre a korai gyártású Kettenkradra még felülre rögzítették az első vonóhorgokat, hátul rács védte oldalról a benne utazókat és irányjelzőfények voltak a sárvédőkön. A járművezető egyenruhája és a rendszámtábla alapján a jármű a Luftwaffe állományába tartozott. Hátul két, hátrefelé néző ülést helyeztek el az utasok számára.

This early production Kettenkrad has the front tow hooks mounted on the upper body, the open side guards on the rear and a sidelight on each front fender. This one is being operated by the Luftwaffe as we can see by the license plate and the driver's uniform. There were two rear-facing seats in the back.

Péter Kocsis Collection

Szintén a Luftwaffe szolgálatában álló, 2 cm-es Flak 38 légvédelmi gépágyút vontató Kettenkrad. Jól látható az alacsonyabbra rögzített vontatóhorog a kerék és a lánctalp között és felfedezhetjük a hátrafelé néző hátsó ülést is. A jármű meghajtásáról a vezető mögé beépített Opel Olympia 38 motor gondoskodott.

Here is another Luftwaffe operated Kettenkrad towing a 2cm Flak38 anti-aircraft gun. The lower mounted tow hooks can be clearly seen here between the steering wheel and the tracks and the rear-facing seats are also apparent. The vehicle was powered by an Opel Olympia 38 engine mounted behind the driver.

Archive of Modern Conflict

A motor karbantartása folyik egy Opel Blitz S-type (Sd.Kfz. 3) „Maultier"-en. A járművön a szabvány préselt lemezből készült felépítmény („Einheitskofferbau") helyett egy masszívabb, fadeszkákból épített bódé van, aminek a tetejére ponyvát rögzítettek a beázás ellen. Mivel a szabványos rendszeresített felépítményből mindig kevesebb volt a kelleténél, a csapatok saját, rögtönzött megoldásokhoz folyamodtak. A bal sárvédőn egy rohamlöveg-üteg harcászati jelzése látható, amelynek alsó, lánctalpat szimbolizáló része szinte teljesen kivehetetlen a fényképen.

This Opel Blitz S-type (Sd.Kfz.3) 'Maultier' is having some engine maintenance carried out. Instead of the pressed cardboard 'Einheitskofferaufbau', this one has a sturdier one made from wooden planks and has a canvas cover attached to the roof to keep the water out. Because supply of the standard closed bodies could never keep up with the demand, troops often made their own. The tactical sign for an assault gun battery is painted on the left fender, the lower rounded rectangle shape being almost totally obscured.

Péter Kocsis Collection

A 244. rohamlövegosztály jelzése látható ennek a Ford V 3000 S/SSM (Sd.Kfz. 3b) „Maultier"-nek a bal sárvédőjén, illetve egy fehér kontúrral írt „328"as szám a motorháztetején. A vezető ajtajára egy ismeretlen jelzést festettek, illetve a jármű stencilezett adatait. A lekerekített sárvédő alapján ez egy korai gyártású féllánctalpas, a későbbi változatokon egyszerűsített, szögletesebb sárvédő volt. Figyeljük meg a Tetra tűzoltókészüléket a vezető ajtaja mögött!

This Ford V 3000 S/SSM (Sd.Kfz.3b) 'Maultier' has the emblem of StuG.Abt.244 painted on the left fender and a white outline number '328' painted on the right side of the hood. An illegible marking is painted on the driver's door along with the vehicle data stenciled below. This one is of an earlier manufacturing date as it has the contoured fenders, the late ones being a simplified flat shape. Note the Tetra fire extinguisher mounted behind the driver's door.

Péter Kocsis Collection

Egy lövegpajzzsal ellátott 2 cm-es Flak 30 légvédelmi gépágyú egy Sd.Kfz. 10/4 féllánctalpason. Amint az itt jól látható, az Ausf. B változatnak megerősített platója volt, hogy nehezebb lövegeket is el tudjon vontatni. A lehajtott oldalfalakon láthatóak a lőszerládák, illetve a belső – jelenleg felső – oldalon egy tartalék cső tárolódoboza is. Az álcázásra használt faágak azt sugallják, a fénykép a harctéren készült.

A 2m Flak30 with an armor shield mounted on a Selbstfahrlafette (Sd.Kfz.10/4) Ausf.B. The Ausf.B featured a strengthened rear body that can be seen clearly here, to be able to tow heavier guns. The ammunition boxes mounted on the raised platform sides can now be seen on the underside and a metal box for spare barrels has also been installed. The cut foliage around the vehicle and combat equipment being worn indicates that they are in a combat area.

Péter Kocsis Collection

A német szárazföldi haderő egyik beazonosítatlan alakulatának 2 cm-es Flakvierling 38 légvédelmi gépágyúval felszerelt Sd.Kfz. 7/1 féllánctalpasa a keleti fronton. A fegyverhez két különböző típusú célzókészüléket rendszeresítettek, a képen a Flakvisier 40 típus látható, amely a hátul ülő katona feje felett látható műszerek alapján ismerhető fel. A plató oldalfalait le lehetett hajtani, hogy harc közben nagyobb mozgásteret biztosítsanak a fegyver kezelőinek. A légvédelmi gépágyú lőszereit az erre a célra kialakított Sd.Ah. 56 utánfutóban szállították.

This is a 2cm Flakvierling 38 auf Sd.Kfz.7/1 from an unidentified army unit on the Eastern Front. There were different sighting devices for the gun and this one is the Flakvisier 40, identifiable by the shape of the switch box immediately above the crewman's head. The sides of the gun platform folded down to provide a larger area for the gun crew to work in during combat. Ammunition for the gun was carried in a special single axle trailer, the Sd.Ah.56.

Péter Kocsis Collection

Egy kései gyártású Sd.Kfz. 10/4 féllánctalpas, amelyre a korábban alkalmazott 2 cm-es Flak 30 helyett már a 2 cm-es Flak 38 légvédelmi gépágyút szerelték fel. Mivel a Flak 38 ágyútalpa szélesebb volt, mint a korábbi változaté, így problémák adódtak az elhelyezésével. Ez a szélesebb platóval gyártott Sd.Kfz. 10/5 kifejlesztéséhez vezetett. A járműre 8 mm-es kiegészítő szükségpáncélzatot (Behelfspanzerung) építettek a vezetőfülke és a hűtő védelmének érdekében. A katonán a harckocsizók nyári, nádzöld pamut gyakorlóruhája van.

This Selbstfahrlafette (Sd.Kfz.10/4) is one of the later vehicles that were fitted with the 2cm Flak38 in place of the 2cm Flak30. As the leveling pads on the Flak38 were wider than the Flak30, there were problems fitting it on the platform. This led to the development of the Sd.Kfz.10/5 with a wider platform. The vehicle has also been back fitted with Behelfspanzerung, additional 8mm thick armor plates to protect the driver's cab and radiator. The soldier is wearing the reed green cotton drill summer uniform for panzer crews.

Péter Kocsis Collection

Az Sd.Kfz. 6 5 tonnás közepes vontató magas gyártási költségei miatt a Büssing-NAG 1943-ban kifejlesztett egy új nehéz vontatót a hadsereg részére. Ez lett a schwerer Wehrmachtsschlepper (s.W.S.). Az első öt példány 1943 decemberében állt szolgálatba, a háború végéig összesen 832 darab készült belőle. Elsődleges feladata a gyalogság kiszolgálása volt, noha 81 példányt 3,7 cm-es Flak 43/1 légvédelmi gépágyúval és páncélozott vezetőfülkével, illetve motortérrel láttak el. A képen látható jármű az Ardennekben került veszteséglistára 1944-ben.

Due to the high cost of manufacturing the mittlerer Zugkraftwagen 5t (Sd.Kfz.6), the schwerer Wehrmachtsschlepper (s.W.S) was developed in 1943 by Büssing-NAG to replace it. The first five entered service in December 1943 and 832 were built by the end of the war. Its main function was as an infantry supply vehicle although 81 were fitted with the 3.7cm Flak43/1 and a mild steel armored cab and engine compartment. This one was lost in the Ardennes in 1944.

Péter Kocsis Collection

Az Sd.Kfz. 252 könnyű páncélozott lőszerszállító járművet (Gepanzerten Munitionstransportwagen) 1940-ben fejlesztették ki a rohamtüzér csapatnem számára. A jármű gyártása 1941 szeptemberében 413 példány elkészülte után befejeződött, helyét az Sd.Kfz. 250/6 típus vette át. A képen látható téli álcázású példány a 184. rohamlövegosztály állományában teljesített szolgálatot Oroszországban. A felépítmény oldalán látható a fehér keretes „331"-es harcászati azonosítószám és a szokatlanul széles sávokból álló hasábkereszt.

The leichter Gepanzerter Munitionstransportwagen (Sd.Kfz.252) was developed as an ammunition carrier for the Sturmartillerie branch of the Wehrmacht in 1940. Production ended in September 1941 after 413 were built and it was then replaced by the Sd.Kfz.250/6. This winter whitewashed one served with StuG.Abt.184 in Russia. The number '331' can be seen painted in a white outline on the side of the hull along with an unusual thick bordered white outline Balkenkreuz.

Archive of Modern Conflict

A Panzer-Lehr Regiment 901 vagy 902 igencsak új Sd.Kfz. 251/3 Ausf. D közepes rádiós lövészpáncélosa. A járműbe számos konfiguráció alapján lehetett beszerelni a rádiókészülékeket, attól függően, hogy milyen alakulatnak utalták ki. A felépítmény oldalának hátuljára egy páncélozott dobozt építettek, amely a csillagantenna porcelán foglalatát védte. A képen látható példánynak érdekes, RAL 8017 vörösesbarna és RAL 6003 olívzöld csíkozással álcázták a RAL 7028 sötétsárga alapszínét.

A fairly new mittlerer Funkpanzerwagen (Sd.Kfz.251/3) Ausf.D from Panzergrenadier-Lehr-Regiment 901 or 902. There were numerous combinations of radio sets carried depending on the type of unit it was issued to. An armored box was added on the rear side of the hull to protect the porcelain insulator for the Sternantenne. This one has an interesting camouflage scheme of rotbraun RAL 8017 and olivgrün RAL 6003 stripes applied over its base coat of dunkelgelb RAL 7028.

Archive of Modern Conflict

Szintén a Panzer-Lehr Regiment 901 vagy 902 Sd.Kfz. 251/1 Ausf. D közepes lövészpáncélosa. A jármű hivatalosan a személyzettel együtt 12 főt szállított, és három MG 34 (illetve 1944. január 27-től MG 42) géppsuka volt a fegyverzete. Két különböző rádióval lehetett felszerelni, vagy a Fu.Spr.Ger.f, vagy a 2 m-es Antennenstab d típusú antennával ellátott Fu 5 típussal. Figyeljük meg a motorháztetőn álló, Lovagkereszttel kitűntetett katonát!

A mittlerer Schützenpanzerwagen (Sd.Kfz.251/1) Ausf.D, also from Panzergrenadier-Lehr-Regiment 901 or 902. It was normally manned by a crew of 12 and was armed with three MG34 (or MG42 after 27 January 1944). Two different radio sets could be carried, the Fu.Spr. Ger.f or the Fu 5 with a 2m Antennenstab d. Custom made rain shields have also been added above the storage compartment doors. Note the soldier standing on the front of the vehicle wearing the Knight's Cross.

Péter Kocsis Collection

Szinte lehetetlen feladattal küzd ennek az Sd.Kfz. 250 Ausf. A könnyű lövészpáncélosnak a személyzete, ki kell ásniuk a járművet a mély hóból. A frontpáncélra festett harcászati jelzés a „Großdeutschland" gépkocsizó gyaloghadosztály motorkerékpáros lövészzászlóaljának egyik századát jelöli. A jelzés alatt alig észrevehetően ott a századra utaló 4-es szám, illetve felette a hadosztályjelzés. A műszaki mentés érdekében egy vontatókábelt is előkészítettek.

The crew of this leichter Schützenpanzerwagen (Sd.Kfz.250) Ausf.A struggle to dig their vehicle out of the deep snow, a seemingly impossible task. Interestingly, the tactical sign painted on the front plate is for the motorcycle rifle (recce) battalion of Infanterie-Division (mot.) Großdeutschland. The number '4' can just be seen below it indicating the company and part of the divisional symbol above to the left. A tow cable has been drawn out to the left for some mechanical assistance.

Archive of Modern Conflict

Két Sd.Kfz. 251/9 Ausf. C 7,5 cm löveges közepes lövészpáncélos, valószínűleg a 7. páncéloshadosztály állományából. Az alapos téli álcázófestés gondosan kikerüli a rendszámtáblát és a harcászati jelzést, amely egy páncélgránátos-ezred 8. századát jelöli. A típus fejlesztése 1942 márciusában kezdődött, amikor a rohamlövegeket elkezdték 7,5 cm-es L/43 lövegekkel felszerelni, így nagy mennyiségben állt rendelkezésre a korábbi L/24 változatból.

These two new mittlerer Schützenpanzerwagen (7.5cm Kanone) (Sd.Kfz.251/9) Ausf.C, possibly from 7.Panzer-Division, each have a uniform coat of winter whitewash camouflage paint neatly applied around the license plate and tactical sign. The tactical sign is for an armored infantry (Panzergrenadier-) company with the number '8'. Development began in March 1942 when a large number of 7.5cm Kanone L/24 became available when Sturmgeschütz production switched over to the 7.5cm StuK L/43 gun.

Archive of Modern Conflict

Nyomokban még felfedezhetők a téli álcázófestés nyomai ezen az Sd.Kfz. 250/9 (2 cm) könnyű lövészpáncéloson, amely egy mezőn parkol. A 2 cm-es KwK 38 löveggel és egy MG 34 géppuskával felfegyverzett jármű személyzete három fő volt. Az Sd.Kfz. 222-hez hasonlóan a torony tetejét hálóval fedték le, hogy megakadályozzák a kézigránátok behajítását. A vezető kinézőnyílása alá fehérrel festették fel a „Bison" nevet.

This leichter Schützenpanzerwagen (2cm) (Sd.Kfz.250/9) Ausf.A parked in a field still bears the scruffy remains of its winter whitewash camouflage paint. Armed with a 2cm KwK.38 and an MG34, it carried a crew of three. Similar to the Sd.Kfz.222, wire mesh screens were fitted over top of the turret to prevent hand grenades from being thrown into the vehicle. The name 'Bison' has been painted in white below the driver's side visor.

A Guderian páncéloscsoport egyik Sd.Kfz. 250/1 Ausf. A könnyű, illetve Sd.Kfz. 251/5 közepes parancsnoki lövészpáncélosa halad át egy falun Csvanova körzetében 1941-42 telén. A parancsnoki jármű személyzete nyolc fő volt, és egy nagy hatósugarú Fu 12, illetve egy Fu 19 rádiókészülékkel volt felszerelve. A járműhöz rendszeresítettek két MG 34 géppuskát és két géppisztolyt is. A hátsó ajtótól balra látható a páncélos-híradószázad harcászati jelzése.

A leichter Schützenpanzerwagen (Sd.Kfz.250/1) Ausf.A and a mittlerer Kommandopanzerwagen (Sd.Kfz.251/6) Ausf.B with Panzergruppe Guderian, passing through a Russian village in the Tschwanowa area during the winter of 1941-42. The m.Kdo.Pz.Wg. had a crew of eight and was fitted with a long range Fu 12 and a Fu 19 radio set. Armament consisted of two MG34 and two MP. The tactical sign for an armored signals company can be seen to the left of the rear doors.

Péter Kocsis Collection

A Guderian páncéloscsoport Sd.Kfz. 253 könnyű páncélozott megfigyelőjárműve (Gepanzerte Beobachtungskraftwagen) és Sd.Kfz. 251/1 Ausf. B közepes lövészpáncélosa az oroszországi Osztrov körzetében 1941 nyarán. Az Sd.Kfz. 253 egy páncélozott tüzérségi megfigyelőjármű volt, amely a saját tüzérség vezetését szolgálta és a rohamtüzérség ütegeihez osztották be. Hasonlított hozzá, de nem volt teljesen ugyanaz, mint a rendszeresített Sd.Kfz. 250 könnyű lövészpáncélos.

A leichter Gepanzerter Beobachtungskraftwagen (Sd.Kfz.253) and a mittlerer Schützenpanzerwagen (Sd.Kfz.251/1) Ausf.B with Panzergruppe Guderian are shown passing through the Ostrow area in Russia during the summer of 1941. The le.Gep.Beob.Wg. (Sd.Kfz.253) was designed as an armored artillery observation vehicle to direct friendly fire on enemy targets and was used to support the Sturmartillerie batteries. The vehicle was similar but not identical to the standard Sd.Kfz.250.

Péter Kocsis Collection

Egy Sd.Kfz. 250/3 könnyű rádiós páncélgépkocsi (leichter Funkpanzerwagen), egy parancsnoki járműként használt, „I01" harcászati azonosítószámú Pz.Kpfw. IV Ausf. F és egy Pz.Kpfw. III Ausf. J. A féllánctalpas személyzete négy fő volt, egy MG 34 géppuskával, illetve két géppisztollyal volt felszerelve és a használó alakulattól függően több eltérő rádiókészülékkel látták el. A képen látható példány igencsak érdekes, mivel a páncéltest az Sd.Kfz. 250/Z változat, amelynek a küzdőterére és a motorháztetejére is négy-négy emelőkampót erősítettek, a vezető kinézőnyílásának fedlapja osztott réssel készült és a sárvédőkről hiányzott az erősítő borda.

A leichter Funkpanzerwagen (Sd.Kfz.250/3) Ausf.A seen with a Pz.Kpfw.IV Ausf.F, being used here as a Pz.Bef.Wg. with the tactical number 'I01', and a Pz.Kpfw.III Ausf.J in the background. The le.Fu.Pz.Wg. was manned by a crew of four and armed with one MG34 and two MP. Numerous combinations of radios were carried depending on the type of unit they were issued to. This particular vehicle is interesting as it has the Panzeraufbau Sd.Kfz.250/Z which is identifiable by the four lifting hooks on the engine deck and four on the crew compartment, two vision slits in the driver's visors and non-reinforced edges on the fenders.

Péter Kocsis Collection

Ez az Sd.Kfz. 251/1 Ausf. C a viszonylag ritka szegecselt felépítménnyel készült. Ezt a változatot egy csehországi cég készítette, hogy a német gyárak a hegesztett verzió gyártására összpontosíthassák a kapacitásukat. A képen látható példány a német Afrika Hadtest állományába tartozott; az alakulat jelzése, a fehér pálma a frontpáncélon, a festett rendszámtól balra látható. A jobb oldalra egy gépkocsizó lövészszázad harcászati jelzése, és a szakaszt jelölő szám került.

This mittlerer Schützenpanzerwagen (Sd.Kfz.251/1) Ausf.C has the relatively uncommon riveted Aufbau. The riveted bodies were produced by a firm in Bohemia in order to free up German firms to for the production of welded bodies. This one is in service with the Deutsches Afrikakorps and has the white DAK palm emblem painted on the front plate to the right of the painted license number. The tactical sign for a motorized infantry company is painted to the left with the platoon number beside it.

Péter Kocsis Collection

Egy a németek által tüzérségi vontatóvá alakított, torony nélküli BT-7 harckocsi. Ahol csak lehetőség adódott rá, az alakulatok az általuk zsákmányolt fegyvereket és felszereléseket állományba vették és addig használták, amíg az tönkre nem ment és az alkatrészhiány miatt javíthatatlanná nem vált. A képen látható példány egy szovjet gyártmányú 45 mm-es Model 1932 L/46 páncéltörő ágyút vontat. Ebből a lövegből a németek rengeteget zsákmányoltak és 4,5 cm Pak 184(r) néven állították rendszerbe.

A turretless Russian BT-7 that has been converted to an artillery tractor by the Germans. Whenever the opportunity presented itself, captured weapons were absorbed into the units that captured them and used until they broke down and couldn't be repaired for lack of spare parts. This one is towing a Russian 45mm Model 1932, L/46 anti-tank gun. Large numbers of these guns were captured and used by the Germans as the 4.5cm Pak 184(r).

Péter Kocsis Collection

Egy másik, torony nélküli szovjet BT-7 az előző képen is látható alakulat állományában. A torony hiánya kellőképp megváltoztatta a jármű sziluettjét, így nem volt szükség a zsákmányolt szovjet harcjárműveken gyakran látható nagyméretű hasábkeresztre, hogy a saját csapatok azonosítani tudják a járművet. Ezen a példányon némileg eltérő átalakításokat végeztek, mint az előző képen látható harckocsin.

Another turretless Russian BT-7 from the same unit as the previous one. Without the turret, the shape changed enough so that the large, oversize Balkenkreuz often seen on captured Russian AFVs was not required for identification to friendly forces. Consequently, the new markings are a normal size Balkenkreuz. This one has slightly different modifications to the hull than the one in the previous photo.

Archive of Modern Conflict

Új tulajdonosai valamilyen szállítókonténert építettek ennek a zsákmányolt szovjet T-20 SzTZ Komszomolec tüzérségi vontatónak a személyszállító részére. A szokásos hasábkereszt helyett horogkereszteket festettek a jármű elejére és oldalára. A sárvédőre egy híradószázad harcászati jelzése és a századot jelölő 8-as szám került. Alatta az „N.R.z.bV.597" felirat olvasható, melynek jelentése „597. különleges feladatú híradóezred" (Nachrichten-Regiment zur besonderen Verfügung 597).

This captured Russian T-20 STZ Komsomolets artillery tractor has been modified for use by its new owners by placing a container of some type in the space normally used for transporting passengers. Unusually, it has swastikas painted on the front and sides to identify it instead of the Balkenkreuz. The tactical sign for an infantry signal company is painted on the fender with the number '8' denoting the company. Below that is 'N.R.z.bV.597 which means 'Nachrichten-Regiment zur besonderen Verfügung 597' or 'signals regiment for special duties No. 597'.

Archive of Modern Conflict

Egyike a négy, zsákmányolt angol Mk. VI kisharckocsiból átalakított Beobachtungspanzer auf Fahrgestell leichter Pz.Kpfw. VI 736 (e) megfigyelőpáncélosnak. Az átalakítást a járműben álló Alfred Becker százados (később őrnagy) irányítása alatt végezték, aki mérnök volt és a 227. gyaloghadosztály 15. tüzérezredének tisztje. A következő években Becker felelt azért, hogy számos zsákmányolt francia harckocsiból használható harcjárművet készítsenek a német haderő részére. A háttérben egy már szintén német szolgálatban álló francia Renault/AMX UE látható, amelynek az új megnevezése Infanterie Schlepper UE 630(f) volt.

This is a Beobachtungspanzer auf Fahrgestell leichter Pz.Kpfw. Mk VI 736(e), four of which were manufactured on a captured British light tank Mk.VI by Hauptmann, later Major, Alfred Becker, who is seen here standing in it, and was a German engineer and artillery officer with Artillerie-Regiment 15 of the 227.Infanterie-Division. In the following years, Becker was responsible for converting many captured French tanks into useable armored vehicles for the German army. Following behind is a Renault/AMX UE designated as Infanterie Schlepper UE 630(f) in German service.

Archive of Modern Conflict

Egy torony nélküli, szovjet gyártású T-26 harckocsi, mint tüzérségi vontató. A jobb sárvédőn egy 2 cm-es légvédelmi gépágyús üteg harcászati jelzése látható, illetve egy kiolvashatatlan szám, amely a szakaszt jelölte az ütegen belül. A felépítmény oldalára egy fehér keretes hasábkereszt került.

A turretless Russian T-26 being employed as an artillery tractor. The tactical sign for a 2cm army anti-aircraft battery can be seen painted on the right fender followed by an illegible number denoting the platoon. A black Balkenkreuz with a separated white outline is painted on the side of the hull.

Péter Kocsis Collection

A könnyű és közepes tüzérségi, illetve légvédelmi lövegek vontatására, valamint a lőszerkészlet szállítására kifejlesztett szovjet SzTZ-5 tüzérségi vontatót a Sztálingrádi Traktor Gyárban (SzTZ) készítették 1937 – 1942 között. Összesen 9 944 darab készült el, mielőtt az üzemet 1942 őszén a Sztálingrád felé közelítő német erők elől leszerelték és keletre szállították. A németek rengeteg zsákmányolt példányt szolgálatba állítottak, a képen látható jármű nagy űrméretű, fonott védőtokokban tárolt tüzérségi lőszereket szállít.

The Soviet STZ-5 artillery tractor was produced by the Stalingrad Tractor Factory (STZ) from 1937 to 1942 and was designed to tow light and medium artillery and anti-aircraft guns and carry their ammunition. The plant produced 9,944 units before the equipment was moved as German forces advanced toward Stalingrad in the fall of 1942. High numbers were captured and put to use by the Germans, in this case transporting large caliber artillery shells in protective wicker cases.

A SOROZAT EDDIG MEGJELENT KÖTETEI / AVAILABLE IN THIS SERIES

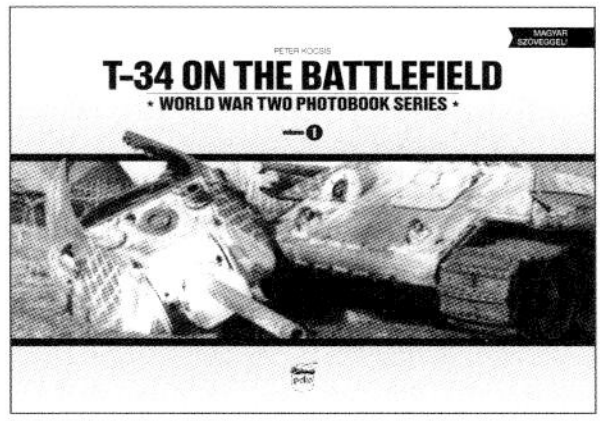

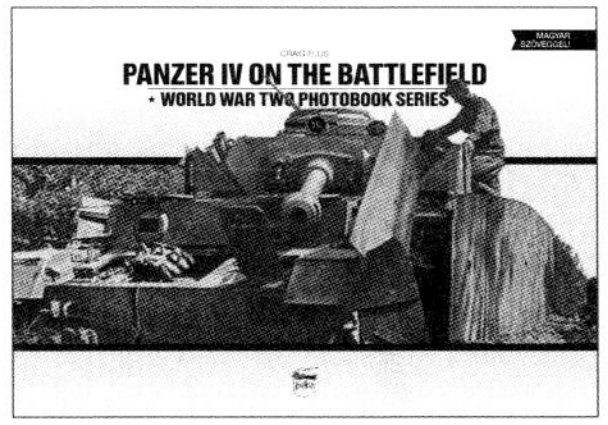

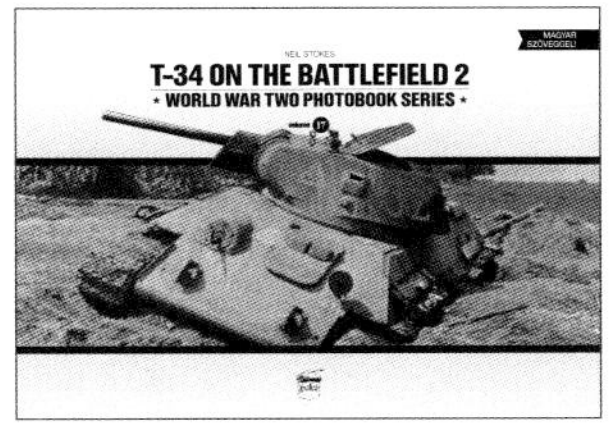

COMING SOON!

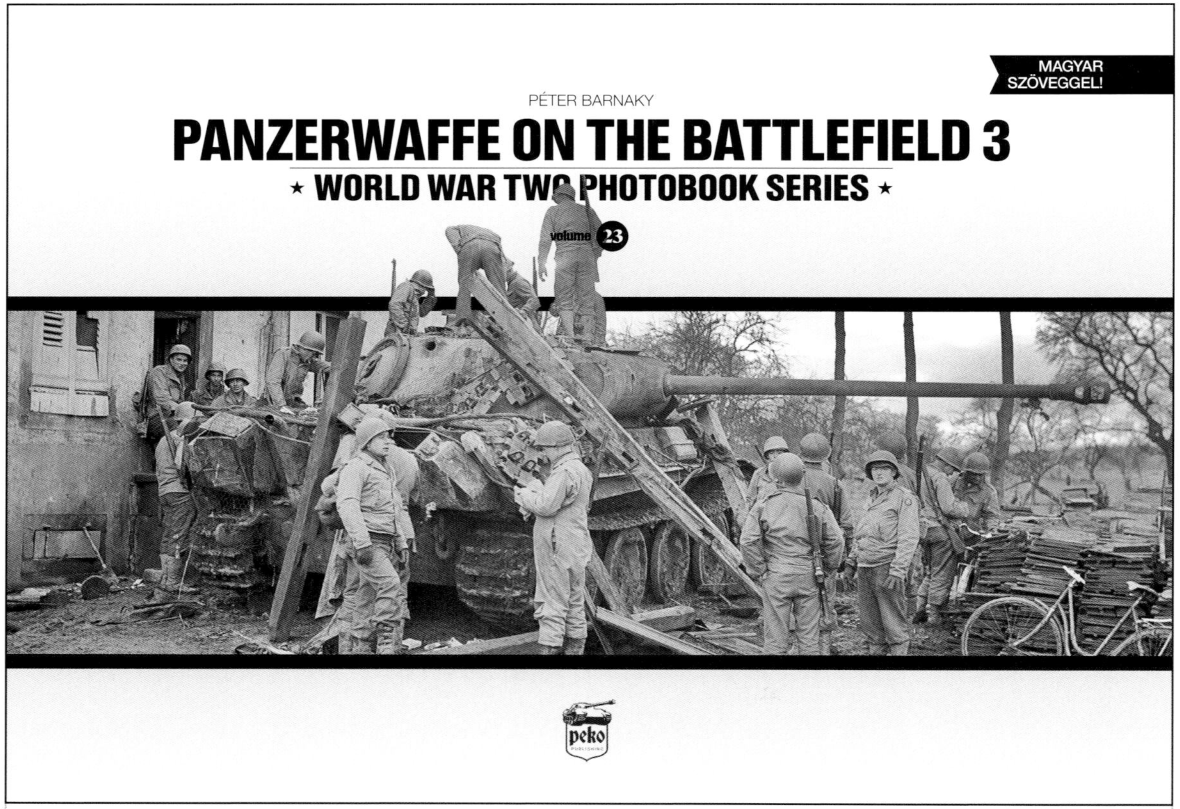
MAGYAR
SZÖVEGGEL!
PÉTER BARNAKY
PANZERWAFFE ON THE BATTLEFIELD 3
★ WORLD WAR TWO PHOTOBOOK SERIES ★
volume 23
peko